Politisches Lernen
50 Jahre danach

"Jugendliche zur aktiven Gestaltung ihres Lebens zu befähigen" (Girgensohn), "damit Auschwitz nicht noch einmal sei" (Adorno)!

Politisches Lernen bedarf der Zukunftsorientierung, der gesicherten Analyse des Überkommenen und vor allem des Mutes, die grundlegenden Bruchstellen und Widersprüche unserer Gesellschaft aufzusuchen.

Angesichts eines solchen Anspruchs vermag mancher "Mittler politischer Bildung" verzagen.

Dies Heft versucht mit zahlreichen Beispielen antifaschistischen Lernens, Projektbeschreibungen und teilweise neuen Überlegungen, hilfreichen Hinweisen und einer eindeutigen Haltung gegen die nationalsozialistische Barbarei dem politisch Lernenden weiterzuhelfen, Übersicht zu verschaffen und mit der breiten Front engagierter Demokraten vertraut zu bleiben.

"Der Schoß ist fruchtbar noch, aus dem das kroch!" (Brecht)

Deutsche Vereinigung für Politische Bildung

50 Jahre danach

pad

Redaktion dieses Heftes:
Volkmar Bielefeld (Dortmund) / Klaus Gebauer (Bonn) / Heinz J. Paul (Köln)

herausgegeben von der
Deutschen Vereinigung für Politische Bildung (DVPB) - Landesvorstand NW
Zedernweg 63 - 4320 Wesel

Die nächsten Themenhefte werden folgende Schwerpunkte haben:

- Die heimlichen Erzieher. Medien und Material der Verbände in der Schule über den Umgang mit Parteiischem und Parteilichem in der Politischen Bildung.
- Politische Bildung in den Schulformen. Der ungleiche Weg zum mündigen Bürger.

Wir bitten unsere Leser um frühzeitige Mitwirkung, Anregung und Einsendung von Beiträgen.

Umschlaggestaltung: Michael F. Riedel
(Titelblatt-Collage unter Verwendung einer Mittag-Karikatur)
Printed in West-Germany
ISBN: 3-88515-034-4

INHALT

Vorwort 7

Girgensohn-Brief zum Jahrestag der "Machtergreifung" 8

I. Basisartikel

Hans Mommsen: Weimars Ende kam von rechts 9

II. Didaktische Beiträge / Projektberichte

Volkmar Bielefeld: Das Volk läßt die Führungsschicht bei der Bewältigung der Vergangenheit rücksichtslos im Stich 17

Hans Uwe Schmidt: Faschismus und Ästhetik 25

Klaus Gebauer: Der latente Faschismus - Kontinuität und strukturelle Voraussetzungen 35

Materialien 50

Peter Hacker / Jürgen Wahl: Simulationsspiel Machtergreifung an der Gesamtschule Bonn 61

Volkmar Bielefeld: Politische Programmatik als Gegenstand sozialwissenschaftlicher Analyse 65

Jochen Hering / Hans Müller / Detlev Neumann / Barbara Tille: Stadtspiel. Schüler erkunden den Faschismus in ihrer Stadt 75

30.1.33 ... 30.1.83 in der Gesamtschule Dortmund-Scharnhorst .. 85

III. Einzelbeiträge:

Ferdinand Fall: Eine Lanze für die Unschuld 87

Blickwinkel ... exemplarische Biographien 96

Johannes Kallmeyer: Fremdarbeiter und Kriegsgefangene im Deutschen Reich (1939 - 1945) 101

S. Spring: Die kleine Stimme des Volksmunds 107

IV. Tips, Fragen, Literatur

Wo kann man was finden? - Fragestellungen, Aktionsvorschläge, Hinweise 113

Materialien und Literatur 119

Chronik 135

Ein Faschist,
der nichts ist,
als ein Faschist,
ist ein Faschist.
Aber ein Antifaschist,
der nichts ist,
als ein Antifaschist,
ist kein Antifaschist.

Erich Fried

Wer aber vom Kapitalismus nicht reden will,
sollte auch vom Faschismus schweigen.

Max Horkheimer

VORWORT

Die Deutsche Vereinigung für Politische Bildung - Landesverband Nordrhein-Westfalen legt hiermit erstmalig ein umfangreiches Themenheft ihrer Zeitschrift POLITISCHES LERNEN vor.
Der Begriff POLITISCHES LERNEN zielt auf eine Inanspruchnahme von Praxis und Theorie füreinander und ist ein methodisches Programm für die Praxis der Politischen Bildung. Er zielt auf die relevanten Erfahrungen und Erwartungen unserer Zeit.
Das antifaschistische Lernen ist ein zentraler, grundlegender Anteil dessen, was mit "Politischen Lernen" gemeint ist.
Das Heft will hierbei helfen - nicht lediglich eine weitere antifaschistische Belehrung sein.
Immer wieder wird auch davon die Rede sein müssen, daß dieses Engagement nicht frei von Interesse ist und sein kann.
So ist es auch verständlich, wenn zumindest einige von denen, denen die Rechtsextremen mit Unterdrückung und Vernichtung drohen, wachsamer sind als solche, die glauben, sie seien nicht betroffen.
Der Leser möge unseren gelegentlich spürbaren Eifer entschuldigen und durch Rückmeldung und Mitwirkung helfen, daß unser Anlauf nicht erlahmt.

Girgensohn-Brief zum Jahrestag der ‚Machtergreifung'

Gegen Erziehung zum „Untertanen"

Düsseldorf. (dpa) Der nordrhein-westfälische Kultusminister Jürgen Girgensohn (SPD) möchte verhindern, daß in den Schulen des Landes „Untertanen" erzogen werden, die einem „autoritären Staat" und einer „autoritären Gesellschaft" dienlich sind. In einem offenen Brief an die 150 000 Lehrer in NRW erinnert der Kultusminister an den bevorstehenden 50. Jahrestag der Machtergreifung Hitlers am 30. Januar. Mit Blick auf Schrecken und Geist der NS-Zeit fordert Girgensohn, alle Pädagogen müßten sich in dem Ziel einig sein, „Jugendliche zur aktiven Gestaltung ihres Lebens zu befähigen" und ihnen damit wirksame „Hilfen zum politischen Handeln" zu geben.

Girgensohn verweist „auf die uns allen bekannten" aktuellen Erscheinungsformen des „Rechtsextremismus, wie Ausländerfeindlichkeit, Haß auf Minderheiten, Propagierung einer autoritären Staatsform, latente Bereitschaft zur gewaltsamen Durchsetzung von Zielen und Militarismus". Gerade angesichts der deutschen Geschichte könnten Lehrer dem nicht tatenlos zusehen. Es gehe im Unterricht nicht nur darum, die Schrecken der Nazi-Herrschaft aufzuzeigen, sondern auch darum zu erläutern, auf welche Weise und warum der Nationalsozialismus für viele Menschen attraktiv werden konnte und wie populäre Legenden entstehen konnten und heute noch überliefert werden. Nur so seien die Jugendlichen auch „gegen irrationale Weltdeutungen" wirklich zu immunisieren.

Der Minister zitiert in dem Brief den Frankfurter Soziologen Theodor Adorno: „Die Forderung, daß Auschwitz nicht noch einmal sei, ist die allererste an Erziehung".

Westfälische Rundschau v. 6.1.1983

Hans Mommsen*:

WEIMARS ENDE KAM VON RECHTS

Der 50. Jahrestag der Ernennung Adolf Hitlers zum Reichskanzler gibt Anlaß, sich im Licht der heute bekannten Zusammenhänge über die historich-politischen Ursachen der Durchsetzung der nationalsozialistischen Diktatur klar zu werden. Es fehlt uns bis heute nicht an Stimmen, die die Ursachen der weitgehend widerstandslos erfolgten Errichtung des nationalsozialistischen Herrschaftssystems auf einzelne Kausalitäten reduzieren. Dazu gehört die Vorstellung, das Scheitern der Weimarer Demokratie sei in erster Linie den Versailler Friedensbedingungen anzulasten, die den von fast allen politischen Richtungen geteilten außenpolitischen Revisionismus unumgänglich gemacht hätten. Ins Innenpolitische gewendet, findet sich allenthalben die Meinung, daß die Machteroberung der Nationalsozialisten letztlich das Resultat des demokratischen Prozesses selbst gewesen sei. Schließlich ist die Neigung, die Entstehung der nationalsozialistischen Diktatur der dämonischen Verführungskraft Adolf Hitlers zuzuschreiben, noch immer nicht ganz abgeklungen. Die politischen und gesellschaftlichen Hintergründe der Machtergreifung vom 30. Januar 1933 entziehen sich jedoch eindimensionalen Schuldzuweisungen, wie sie in der Vorstellung von einer Eskalation des Extremismus von links und rechts oder der einseitigen Hervorhebung des Versagens der republikanischen Parteien anzutreffen sind.

Die der damaligen Öffentlichkeit nur teilweise zugänglichen politischen Prozesse vom Frühjahr 1932 bis zum 30. Januar 1933, die zur Reichskanzlerschaft Hitlers führten, beruhten zunächst einmal auf der faktischen Funktionsunfähigkeit des parlamentarischen Systems und auf der in der Phase der Präsidialkabinette vollzogenen tiefgreifenden Aushöhlung des Weimarer Verfassungssystems, die jedoch in der Haltung der ganz überwiegend rechtsgerichteten Rechtsprechung und Staatsrechtslehre seit den frühen 20er Jahren vorgeprägt war.

Die Krise des parlamentarischen Systems war eine allgemeine Erscheinung Mittel-, Ostmittel- und Südeuropas in der Zwischenkriegszeit. Sie beruhte in Deutschland zum wenigsten auf Schwächen der Weimarer Reichsverfassung und des Reichstagswahlrechtes. Die Parteien der Rechten und der rechten Mitte, die seit dem Juni 1920 gegenüber den Republikanern in der Überzahl waren, haben ebenso wie weite informelle Kreise der Intelligenz und der administrativen und ökonomischen Eliten die innere Festigung des parlamentarischen Systems hintertrieben. Nur aufgrund der durch die Reparationsverpflichtungen und der militärischen Schwäche gegebenen außenpolitischen Abhängigkeit des Deutschen Reiches sahen sie sich dazu genötigt, das bestehende parlamentarische System widerwillig und auf Zeit zu akzeptieren.

"Nachkriegsidyll" (1921) von George Grosz
Dieses Blatt vereinigt damals modernste Kunstmittel mit politischer Aussage. Im Vordergrund der Kriegskrüppel, im Mittelpunkt der Kriegsgewinnler, unbehelligt die reitende Schickeria, im Hintergrund das frische Kanonenfutter, flankiert das ganze vom Kleinbourgeois und der Fahndung nach einem Führer der Münchener Räterepublik, der "geschmißte" Offizier übernimmt die Aufsicht am vorderen Rand.

Zur Überbrückung des starken gegensätzlichen Interessendrucks innerhalb der bürgerlichen Parteien wurden nationale Ressentiments, insbesondere die außenpolitisch fruchtlose Kriegsschuldagitation, in den Vordergrund gestellt. Das trug zu der bereits durch die Dolchstoßlegende angelegten nationalistischen Vergiftung der Innenpolitik maßgeblich bei.

GROSSINDUSTRIE UND AGRARIER HÖHLTEN DIE VERFASSUNG AUS

Nur im Klima eines gutenteils aus interessenpolitischen Motiven geschürten politischen Irrationalismus, darunter eines hybriden Antikommunismus, der in keinem Verhältnis zur tatsächlichen Stärke der kommunistischen Kräfte stand, sowie eines zur Massenmobilisierung entfachten Antisemitismus, konnte eine extrem radikale Protestbewegung wie die NSDAP nennenswerte Resonanz finden. Ihr Durchbruch zur Massenbewegung und zur ernstzunehmenden politischen Kraft erfolgte erst seit Anfang 1929, parallel zu den ansteigenden außerparlamentarischen Aktionen der bürgerlichen Rechten gegen das sozialdemokratisch geführte Kabinett der Großen Koalition, das nach Beendigung der zum Young-Plan führenden Reparationsverhandlungen durch das rasch semiautoritären Charakter annehmende Präsidialkabinett Brüning ersetzt wurde.
Die beachtlichen Wahlerfolge der NSDAP erklären sich aus dem Zerfall der bürgerlichen Mittelparteien, der Unterwanderung des hinter den Rechtsparteien stehenden Verbändewesens und der propagandistischen Exploitierung der Enttäuschung von Teilen der bäuerlichen und bürgerlichen Wähler über die als unzureichend empfundene Sicherung ihrer sozio-ökonomischen Interessen durch das zunehmend zersplitternde bürgerliche Parteiensystem. Die Anziehungskraft der nationalsozialistischen Propaganda, die sich inhaltlich wenig von derjenigen der völkischen und deutschnationalen Gruppen unterschied, beruhte weniger auf der charismatischen Führerrolle Hitlers als vielmehr darauf, daß sich die NSDAP als grundlegende Alternative zu dem geschmähten Weimarer "Parteienstaat" zu präsentieren wußte, ohne ihre häufig miteinander unvereinbaren Wahlversprechungen einlösen zu müssen.
Nach den Juliwahlen von 1932, die der NSDAP 37 % der Stimmen eintrugen, bröckelte deren Protestwählerpotential zunehmend ab. In den Novemberwahlen von 1932 und den anschließenden Kommunal- und Landtagswahlen mußte sie beträchtliche Stimmenverluste hinnehmen. Der Umfang der Wählerabwanderung wurde dadurch verschleiert, daß die NSDAP gleichzeitig in neue Wählerschichten, insbesondere des mitleren und oberen Bürgertums, eindrang. Die NSDAP rekrutierte ihre Anhängerschaft im wesentlichen aus fluktuierenden Protestwählern. Vor dem 30. Januar hatte sie mehr als 40 % ihrer früheren Mitglieder bereits wieder eingebüßt.
Die nationalsozialistische Machtergreifung war daher kein Resultat der "Stimmzetteldemokratie". Erst der Bonus der Kanzlerschaft und die Ausnutzung aller staatlichen und sonstigen Propaganda- und Machtmittel setzen sie instand, zusammen mit der im "Kampfbund Schwarz-Weiß-Rot

vereinigten bürgerlichen Rechten am 5. März 1933 eine knappe absolute Mehrheit zu erringen.
Die Attraktivität der NSDAP als Koalitionspartner der politischen Rechten wurde durch die Rückschläge seit den Novemberwahlen, die sie in eine schwere innere Krise zu stürzen drohte, noch erhöht; denn nach dem Verlust des Mythos der Unbesiegbarkeit schien die NSDAP leichter für konservativ-autoritäre Zwecke manipulierbar.
Auch war der Aufstieg der NSDAP als Massenbewegung - der katholische Bauern- und Mittelstand sowie die organisierte Arbeiterschaft erwiesen sich gegenüber der nationalsozialistischen Propaganda als weitgehend immun - allein denkbar vor dem Hintergrund der Politik der Präsidialkabinette.

PAPENS INTRIGE BEREITETE HITLERS "MACHERGREIFUNG" VOR

Die von ihnen angestrebte politische Isolierung der SPD, die mit dem wachsenden Druck agrarischer und schwerindustrieller Interessen einherging, zwang sie, zum Mittel der ständigen Reichstagsauflösung zu greifen, da sie sich nicht einmal auf die innerlich zerklüftete "nationale Opposition" abstützen konnten.
In der einseitigen Frontstellung gegen die "marxistischen Parteien", denen die SPD wider besseres Wissen zugerechnet wurde, einigten sich großagrarische, großindustrielle und mittelständische Interessen gegen eine Fortführung des parlamentarischen Systems, das sie leichtfertig mit Sozialpolitik und "Gewerkschaftsstaat" identifizierten. Dies fand die ausdrückliche Unterstützung der Reichswehrführung, die die pazifistische Grundströmung in der SPD zu einem Zeitpunkt fürchtete, in dem die Wiedererlangung der militärischen Gleichberechtigung Deutschlands, die Wiederaufrüstung und die Rückkehr zur allgemeinen Wehrpflicht bevorzustehen schien.
Diese nur im Negativen übereinstimmende Interessenkoalition fand sinnfälligen politischen Ausdruck im Kabinett von Papen; abgesehen von dem extrem unternehmerfreundlichen und großagrarischen Interessen weit entgegenkommenden Wirtschaftsprogramm war dessen Programm des "Neuen Staates" mit den Bedingungen einer industriellen Gesellschaft unvereinbar. Das Präsidialkabinett entbehrte jeder politischen Abstützung, da sich Hugenberg zurückhielt und da Hitler die erhoffte Zusammenarbeit zu anderen als seinen hochgesteckten Bedingungen verweigerte.
Als der General von Schleicher nun selbst die Kanzlerschaft übernahm und einen Ausgleich mit der organisierten Arbeiterbewegung unter Einbeziehung der NSDAP anstrebte, fiel er dem Ansturm der agrarischen und industriellen Interessenverbände, zugleich den Intrigen von Papens zum Opfer, der wider besseres Wissen versprach, Hitler zu akzeptablen Bedingungen in eine rechtsbürgerliche Koalition einzubeziehen.
Spätestens nach der Ausschaltung der geschäftsführenden preußischen Regierung am 20. Juli 1932 hatten SPD und freie Gewerkschaften, zumal

sie sich durch eine zögernde Legalitätstaktik die Hände banden und sich der kommunistischen Umarmungsstrategie mit guten Gründen widersetzten, keine Chance mehr, das Rad der Entwicklung zurückzudrehen. Ein rechtzeitiger Widerstandsversuch hätte den fatalen Eindruck der Passivität vermieden und möglicherweise die gewerkschaftliche Anpassungsbereitschaft, die die Zerschlagung der Organisationen nach dem 1. Mai 1933 nicht abwenden konnte, unterbunden. Einen ernstlichen Machtfaktor stellte die Linke zu diesem Zeitpunkt nicht mehr dar.

Bei der Entscheidung der konservativen Kamarilla, die Einbeziehung der "gesunden" Elemente der nationalsozialistischen Bewegung um einen immer höheren Preis anzustreben, spielten militärische Gesichtspunkte eine wichtige Rolle. Dies geschah nicht zuletzt aus der unrealistischen Befürchtung heraus, daß sich sonst die linksradikalen Kräfte in der NSDAP durchsetzen würden. Die gleichwohl fortbestehenden Bedenken gegen eine Kanzlerschaft Hitlers wurden jedoch im Dezember 1932, als das Scheitern des Schleicher-Experiments feststand, von der neurotischen Befürchtung hinweggeschwemmt, es könne zu einem Rückfall in das parlamentarische System kommen. Von Papens berühmte Intrige in der Kölner Wohnung des Bankiers von Schröder zum Jahreswechsel machte sich diese Stimmung zunutze.

Die grundlegende Vorarbeit der Präsidialregime für Hitlers Machtergreifung steht außer Frage; sie ersparte Hitler den Bruch mit der Legalität. Erwägungen, die innenpolitische Krise mittels einer offenen oder verdeckten Militärdiktatur zu überwinden, erschienen angesichts der wiederholten Zusicherungen Hitlers hinfällig, die Autonomie der bewaffneten Macht zu respektieren und die allgemeine Wehrpflicht einzuführen. Der militärpolitische Aspekt der Machtergreifung ist auch insofern von fundamentaler Bedeutung, als die konservativen Partner Hitlers nach dem 30. Januar nicht mehr voll mit der Unterstützung des Militärs rechnen konnten, das schon beim Sturz Brünings gegen das SA-Verbot votiert und sich für die Integration der "gesunden" Teile der nationalsozialistischen Bewegung eingesetzt hatte.

Die Auswirkungen der Weltwirtschaftskrise haben den innenpolitischen Zerfallsprozeß, der Hitler an die Macht brachte, beschleunigt, aber keineswegs ausgelöst. Wichtiger erscheint, daß das Ende der Reparationen und die Wiedergewinnung einer gewissen außenpolitischen Handlungsfreiheit durch die deutsche Regierung infolge der Krise den Entschluß der Rechtsparteien und der hinter ihnen stehenden Verbände erleichterten, das Übergangskabinett Brüning, das auf der Tolerierung durch die SPD beruhte, durch eine offene Rechtsregierung unter nunmehr definitivem Bruch mit dem parlamentarischen Prinzip abzulösen. Folgerichtig sahen sie sich danach gezwungen einen Ausgleich mit Hitler zu suchen, um das Risiko eines Bürgerkrieges zu vermeiden.

Dies geschah vor dem Hintergrund einer nationalen Aufbruchstimmung, die das nationalsozialistische Schlagwort von der "nationalen Revolution" aufgriff. Große Teile der Intelligenz, aber auch der jungen Generation ver-

"Hochverräter" (1923) von George Grosz
Das Volk leistet Widerstand: eine politische Versammlung. Die Männer sind müde, von ihren proletarischen Arbeitsverhältnissen gezeichnet, dennoch entschlossen, wachsam und diszipliniert.

schrieben sich dem Mythos von einer klassenübergreifenden "Volksgemeinschaft" und fielen der Illusion anheim, daß Hitler, einmal in politischer Verantwortung, sich von den "radikalen" Elementen seiner Bewegung trennen werde.
Ein politisches Fazit ist heute - nach 50 Jahren - nicht einfach zu ziehen. Es geht weniger um die Immunisierung gegen einzelne Elemente der faschistischen Ideologie, als vielmehr darum, die Bereitschaft zu bekämpfen, irrational übersteigerten Feindbildern zu folgen, sowie die Technik faschistischer Propaganda aufzudecken, die in der Mobilisierung ressentimenthafter Einstellungen ihre größten Erfolge erzielte, politische Optionen hingegen bewußt vermied. Das ist jedoch nur ein Aspekt des Problems.
Die Brücke zur nationalsozialistischen Diktatur wurde durch eine weit verbreitete autoritäre Tendenz innerhalb der deutschen Gesellschaft geschlagen, in der sich obrigkeitsstaatliche Gesinnung mit der Fata Morgana einer konfliktfreien Gesellschaft verband. Das Politikverständnis in der Bundesrepublik hat sich davon zunehmend entfernt; indessen gibt es Indikatoren, so im Fall der "Ausländerfeindschaft", wonach die Bereitschaft zu autoritären Lösungen und zur Anwendung von Gewalt gegen politische Gegner bei gut einem Drittel der Bevölkerung aktivierbar ist. Allerdings wird man unter den Bedingungen verschärfter Verteilungskonflikte und politischer Krisen irrationale Protestreaktionen auch in Zukunft nicht generell ausschließen können.
Die Geschichte der nationalsozialistischen Machtergreifung zeigt, daß in Krisensituationen den politischen Eliten erhöhte politische Verantwortung zukommt. Die nationalsozialistische Terrorkampagne hätte nie zum Zuge kommen können, wäre sie nicht aus Gründen politischer Opportunität stillschweigend oder offen toleriert worden, wogegen der vielfach von ihr provozierte kommunistische Terrorismus, der für die politische Psyche des Bürgertums fatale Folgen hatte, effektiver Verfolgung durch die Strafgerichtsbarkeit unterworfen war. Bei der Bekämpfung des Terrorismus der NSDAP fiel Brüning der preußischen Regierung unter Otto Braun wie anderen Landesregierungen in die Zügel, weil er sich der Hoffnung hingab, die NSDAP in Länderkoalitionen mit der Zentrumspartei "zähmen" zu können.
Die Weimarer Republik ist nicht daran gescheitert, daß ihr das Instrumentarium einer "wehrhaften" Demokratie fehlte. Rechtsgrundlagen zum Verbot der NSDAP oder zur Einschränkung ihrer Agitation gab es schon. Nur unterband die Illusion, man könne die positiven "nationalen Elemente" in der NSDAP an den Staat heranziehen, nach 1930 jeden entschlossenen Widerstand auf der Reichsebene.
Es ist eine Lebenslüge, daß das Weimarer Verfassungssystem den Durchbruch der NSDAP unabwendbar gemacht habe. Erst die faktische Eliminierung der parlamentarischen Institutionen entzog den Regierenden die politische Autorität, gegen die NSDAP vorzugehen, die sich nicht scheute, mit pseudo-demokratischen Argumenten die Legitimität der Präsidialkabinette zu bestreiten. Seit dem Frühjahr 1932 bestand keine Chance mehr,

zum parlamentarischen System zurückzukehren. Es gab nur die Alternative zwischen autoritärem System und faschistischer Diktatur. Die Entscheidung zugunsten der letzteren fiel am 30. Januar 1933, obwohl Hitlers konservative Bündnispartner sich noch in der Illusion wiegten, die von ihnen erstrebte autoritäre Stabilisierung in die Wege geleitet zuhaben.

---

*) Prof. Dr. Hans Mommsen lehrt an der Ruhr-Universität Bochum Neuere Geschichte. Er ist Mitglied des wissenschaftlichen Beirates der Deutschen Vereinigung für Politische Bildung (DVPB - NW).
Der Beitrag erschien zuerst in der Westfälischen Rundschau vom 29.1.1983.
Wir danken dem Verfasser für die freundliche Erlaubnis zum Nachdruck.

Volkmar Bielefeld:

DAS VOLK LÄSST DIE FÜHRUNGSSCHICHT BEI DER BEWÄLTIGUNG DER VERGANGENHEIT RÜCKSICHTSLOS IM STICH

Anmerkungen zur antifaschistischen Bigotterie und Didaktik

> Bonn (dpa). Die Bücherbrennung der Nationalsozialisten vor 50 Jahren ist nach Ansicht von Bundeskanzler Kohl eine Mahnung für die Deutschen und die ganze Welt. Vom Feuer des 10. Mai 1933 habe ein gerader Weg zu Krieg und Völkermord geführt. Die Unterwerfung von Geist und Kultur unter die Macht der Staatsideologie sei nur eine andere Form der Unterdrückung des Menschen, sagte der Bundeskanzler. Während einer Gedenkveranstaltung zum Jahrestag der Bücherverbrennungen sagte der SPD-Vorsitzende Brandt ... in Osnabrück: "Daß die Schicksalsfrage der Bundesrepublik aller Voraussicht nach nicht im Braunhemd aufmarschieren wird, heißt nicht, daß wir ernste, ähnliche oder sogar vergleichbare Gefahren ein für allemal gebannt hätten." Möglicherweise stünden der Bundesrepublik die wahren Prüfungen erst noch bevor.
>
> Westfälische Rundschau v. 11.5.1983

Der Nationalsozialismus, sein ökonomisches, politisches und soziales "System", hat sich gegen nahezu alle zahlenmäßig relevanten Gruppen des deutschen Volkes gerichtet. Dieses System hat die Lebensqualität ganzer Völker dauernd beschädigt, die übelsten Elemente unter den Gegnern eines menschlichen gesellschaftlichen Wandels zu mehr Menschlichkeit nach oben gespült, Millionen Zivil- und Kriegstote gezielt herbeigeführt, den millionenfachen Mord bürokratisch organisiert.

Es hat die Stellung der Frau, die arbeitsrechtliche Entwicklung, soziale Errungenschaften, bürgerliche Freiheiten, die Rechtlichkeit des öffentlichen Lebens, die schulischen, geistigen, kulturellen Standards, die weltpolitische Entwicklung um Jahrzehnte zurückwerfen helfen, vieles auf Dauer geschädigt oder für immer vernichtet.

Seit achtunddreißig Jahren wird hierüber in Deutschland informiert, erinnert, vor Wiederholung gewarnt. Der Aufwand ist relativ groß und dennoch – nach dem Urteil vieler – ineffektiv.

Zwar gibt es heute in der westdeutschen Republik keine rechtsradikale Massenpartei, doch gibt es, das wird zunehmend deutlicher, einen umfangreichen rechten Untergrund, der sich an zahllosen Einrichtungen und Tendenzen offiziöser Politik anlehnen kann. Darüberhinaus gibt es eindeutige politische Optionen einflußreicher Kreise (1) und schließlich eine breite Akzeptanz und Reproduktion autoritärer Denkvorstellungen und Weltbilder in weiten Teilen der Bevölkerung. (2)

1) Eine frühe Arbeit zu diesem Thema: Das Rechtskartell in der Bundesrepublik, hrsg. von H. Jung und E. Spoo, München 1971

2) Einschränkend muß allerdings darauf hingewiesen werden, daß ein autoritäres Weltbild nicht schon notwendig ein rechtsradikales ist. Ergebnisse der Sozialwissenschaften sind gefiltert durch die Rüttelsiebe ungleicher Sprachlichkeit. Sie vermögen nicht immer die mögliche Resolutheit, die sich aus "schmerzlicher" Lebenserfahrung des Befragten nährt, zu trennen von der abstrakten Phrasenhaftigkeit geschlossenen autoritären Denkens.

Sicherlich gibt es in der Gesamtheit der Bevölkerung ungeheuer viel mehr an politischer und historischer Erfahrung und Betroffenheit als der Wissenschaft, der Schule und der politischen Öffentlichkeitsarbeit bewußt ist. Doch es ist ein frommer Wunsch anzunehmen, daß Erfahrung und Betroffenheit per se politische Aufklärung nach sich ziehen - sie bedürfen der "Politisierung". (3)

DIE ALTEN ...

Nehmen wir einen durchschnittlichen Deutschen aus der Generation, die vom Nationalsozialismus noch nicht im Kindesalter geprägt wurde. Er ist schon um die Jahrhundertwende lohnabhängig, er wählt nicht rechts von Zentrum und SPD. Er akzeptiert spätestens 1918/19, daß der Kaiser, die Junker, die Kriegsgewinnler, die Flotten-, All- und Kolonialdeutschen nicht seinen Interessen dienen, daß das Volk der Souverän sein muß.
Manches am Weimarer Staatsapparat, vieles von der gewaltigen Hetze der Rechten mag ihn irritieren, die wirtschaftliche Entwicklung zu Lasten der Mehrheit wird ihn verbittern und zu der Einsicht bringen, daß das Volk immer noch Objekt und nicht politisch handelndes Subjekt ist.
Dennoch wird er, der Lohnabhängige ohne Abitur, ohne wirtschaftliche Perspektive und Besitz dafür sorgen, daß die Parteien rechts vom Zentrum niemals die Mehrheit erhalten, solange die Wahlen frei sind. (4)
Eben dieser Durchschnittsdeutsche, der in der Republik erfahren mußte, daß er die mangelnde Prosperität zu bezahlen habe, erfährt durch die Machenschaften der Oberschicht (5), daß er auch den Aufschwung zu finanzieren hat, ohne allerdings dessen Richtung bestimmen zu können.
In diesem neuen, "nationalrevolutionären" System beibt oben oben, die Massen werden zum Zwecke ihrer Ausbeutung und Militarisierung effektvoll (6) und effizient organisiert, der Kampf der Hyänen aber geht weiter: Beziehungen, Denunziationen, Korruption, Gesinnungslumperei werden Grundlage der sozialen Existenz. Ein besserer Teil des Durchschnittsdeutschen möchte Widerstand leisten, ein opportunistischer Teil sieht nichts,

---

3) Zum Begriff "Politisierung" bei H.U. Schmidt über Benjamin, s.u.

4) Versagt haben allenfalls die Profis in den demokratischen Parteien, die sich gegen die etablierten Mächte nicht durchsetzen konnten. Vgl. dazu den Beitrag von Mommsen. Die letzen freien Reichtstagswahlen erbrachten für:

	31.7.1932	6.11.1932
KDP, SPD, Zentrum	48,98 %	49,24 %
NSDAP, DNVP, DVP	43,36 %	41,42 %

Selbst am 5.3.1933 erreichten trotz massiver Gewalttägigkeit NSDAP und DNVP nur 43,9 bzw. 8 %.

5) Das folgende lediglich als Schlaglicht: Bei der Abstimmung zum Ermächtigungsgesetz sind von den nach dem Terror gegen KPD und SPD verbliebenen 538 Abgeordneten 34 "Adelige", darunter etliche Prinzen, Freiherrn u.ä.: 23 bei der NSDAP (Prinz von Preußen, Graf von Bismarck-Schönhausen, Erbprinz zu Waldeck und Pyrmont etc.), 9 bei der DNVP, 2 bei der BVP. Selbstverständlich stimmte keiner von ihnen gegen Hitler.

6) vgl. den Beitrag von H. U. Schmidt

hört nichts, mag nichts begreifen. Die Ausreden sind vor dem "Zusammenbruch" perfekt. Selbst die, die vergeblich Widerstand leisten, werden nach Kriegsende zusammen mit ihren Quälern entnazifiziert.
Wieder bleibt unser Durchschnittsdeutscher unten und oben bleibt oben.
Drei Namen von den fünf ermächtigenden Ja- Sagern der Deutschen Staatspartei: Theodor Heuß, Ernst Lemmer, Reinhold Maier: Vorbilder der neuen Demokratie.
Die "Führer des Betriebes" und der Gefolgschaft sind wieder freie Unternehmer (7), die engagierten Kommunisten haben zwischen KZ und den Gefängnissen des Kalten Krieges allenfalls zehn freie Jahre. (8)
Dennoch hat es beim Durchschnittsdeutschen zum Schweijk nicht gereicht. (9)
Zwar kann er angesichts der Kontinuität der Oberschicht, um die er dichotomisch denkend weiß, auf seine eigene Bedeutungslosigkeit verweisen. Auch zeigen ihm neuerdings bemühte Freunde der Arbeiterklasse den Teil von ihm, der Widerstand leistete. Selbst die weniger angerührte der beiden großen Kirchen kramt ihre vergleichsweise wenigen Märtyrer und die einschlägigen Drohbriefe der zuständigen Gauleitung hervor ...
Aber hat nicht gerade der kleine Mann tausendfach versagt, wo es in seiner Macht gelegen hätte, solidarisch und menschlich zu bleiben? Menschlichkeit als Soldat? Vielleicht eine Illusion. Menschlichkeit am Arbeitsplatz gegenüber Millionen Arbeitssklaven? (10)
Politik in einer Klassengesellschaft, jedenfalls die, die von oben gemacht wird, mag ein schmutziges Geschäft sein; brauchen aber auch der kleine Landwirt, der Prolet, die Kinder in der Schule i h r e Neger? (11)
Kann es sein, daß der angenommene Durchschnittsdeutsche, der durch die Leiden am unmittelbarsten Betroffene, auch in seiner Selbstachtung als "kleiner aber gerechter" Mann beschädigt ist und sich obendrein in jeder Hinsicht hereingelegt fühlen muß?
Dreimal Verlust des bescheidenen Wohlstands, den das sich stets ähnelnde ökonomische System dem Durchschnittsbürger beläßt, dreimal in einer Generation bleibt oben oben, zweimal werden die Ansätze zur Aufklärung, zum Aufbau politischer Mündigkeit des Volkes zerschlagen, einmal werden gezielt die besten zu Hunderttausenden umgebracht. (12)

---

7) Vgl. die Glosse von F. Fall
8) S. Faksimile auf S. 20
9) Vgl. den Beitrag von S. Spring
10) Vgl. den Beitrag von Johannes Kallmeyer
11) Vgl. den Beitrag von Klaus Gebauer
12) "Bis zum Kriegsausbruch waren 225.000 Deutsche aus politischen Gründen zu insgesamt 600.000 Jahren Freiheitsstrafe verurteilt worden. Von den Verurteilten waren über 90 % Anhänger der Arbeiterbewegung. Nach einer Statistik der Gestapo befanden sich im April 1939 fast 168.000 Deutsche in den Konzentrationslagern und Haftanstalten in Schutzhaft, 112.500 in Zuchthäusern und Gefängnissen in Schutzhaft, 27.500 in Untersuchungshaft. Die meisten davon waren politische Gefangene, und der Anteil der nicht der Arbeiterbewegung angehörenden Gefangenen war sehr gering." Wolfgang Abendroth: Sozialgeschichte der deutschen Arbeiterbewegung, Frankfurt 1972 (8.A.), S. 145 f. (edition suhrkamp 106)

Der Senator für Sozialwesen

Gesch.- III 1b - PRV - Bln.-Wilmersdorf, den 18.9.1951
Hohenzollerndamm 29
Fernruf: 87 57 13 App. 226

Herrn
Ernst Krumnow

Berlin SO 36
Naunynstr. 79

Betr.: Ihr Antrag auf Übernahme der OdF-Anerkennung als politisch Verfolgter (PRV) v. 28.7.1949

Ihrem oben angegebenen Antrage auf Übernahme der OdF-Anerkennung als politisch Verfolgter (PRV) konnte nicht entsprochen werden.

Gründe:

Nach § 7 Ziffer 1b ist die Übernahme der OdF-Anerkennung als politisch Verfolgter nicht möglich, bzw. muss eine Anerkennung zurückgenommen werden, wenn der Anerkannte Handlungen begeht, die eine Anerkennung nicht mehr als tragbar erscheinen lassen.

Wie festgestellt worden ist, sind Sie wegen Sammelns von Unterschriften zur Ächtung der Atombombe bestraft worden. Sie haben sich durch eine solche Handlungsweise, die geeignet ist, Unruhe in den westlichenSektoren hervorzurufen und das Ansehen des als politisch verfolgt anerkannten Personenkreises zu schädigen, bewusst gegen die demokratische Einrichtung und Ordnung Westberlins gestellt.

Aus diesen Gründen erscheint Ihre Anerkennung nicht mehr als tragbar, so dass Ihr Antrag abgelehnt werden musste.

Gegen diesen Entscheid steht Ihnen innerhalb 14 Tagen das Rechtsmittel der Beschwerde beim Schiedsgericht PRV zu.
Die Beschwerde ist zu richten:

An den Senator für Sozialwesen - PRV-
-Berlin-Wilmersdorf,
Hohenzollerndamm 31

Die Frist beginnt mit dem Tage der Zustellung dieses Bescheides.

i.A.
gez. Löffler

Beglaubigt
Siewert
Verw.Angest.

Mit diesem Schreiben wurde 1951 die Anerkennung als Opfer des Faschismus abgelehnt, da der Antragsteller sich am Sammeln von Unterschriften zur Ächtung der Atombombe beteiligt hat.

Das deutsche Volk ist tief verstrickt worden, obwohl der Durchschnittsbürger am 30.1.1933 gar nicht laut gejubelt hat (13), obwohl es den eigenen Schlächter und den anderer mehrheitlich nie gewählt hat, obwohl es sich auch mit subtileren Feindbildern hätte leiten lassen, wie wir unterdes gelernt haben. Niemand sollte diesen Durchschnittsdeutschen – nur von ihm ist hier die Rede – seiner "Unfähigkeit zu trauern" (Mitscherlich) wegen schelten.
Aber: Es widerspricht nicht nur jeder Gerechtigkeit und Vernunft, sondern auch dem Interesse dieser Mehrheit der Bevölkerung ihre Geschichte, ihr Verhalten, ihre Zukunft vorzuenthalten oder auch nur zu entfremden.

... UND DIE JUGEND?

Es gibt heute keine SA, die jungen Arbeitslosen aus agrarischen und bürgerlichen Spenden ein tägliches Mittagessen, eine neue Uniform und neue Stiefel spendiert. Standhaftigkeit gegen solche Verlockungen sind z.Zt. nicht gefordert. Stattdessen wird Standhaftigkeit benötigt gegen elektronische Kriegs- und Gewaltspielerei, gegen die Öde der Wohnquartiere, gegen die Vermarktung der Freizeit, gegen die schleichende Vernichtung des Lebens durch gewinnfixierte Umweltverseuchung, gegen ständig deformierender verwaltete Freiheit, gegen die vorgebliche Harmonisierung gesellschaftlicher Konflikte, gegen die schleichende Entsolidarisierung einer planmäßig verdummenden Medienorgie (14), gegen die belehrende Arroganz der Frieden, Freiheit und Grundordnung tönenden "Berufs"-demokraten.
Versuche der Vereinnahmung, leiser und zivilisierter als jene damals, sind trotz allem nicht subtil genug. Zwar ist für jeden etwas da, für die einen die Abfüllung nach Feierabend, für die anderen die heile Welt des Konsums und für die dritten die scheinobjektive Welt bürgerlicher Wissenschaften – doch es scheint, als ginge ein zunehmend größerer Teil der Jugend hierauf nicht mehr ein. Dies kann nicht allein mit einer "aufklärerischen Potenz" der Not durch Jugendarbeitslosigkeit erklärt werden.
Nun gut, auch sie zeigen sich wieder, die allzu Kurzhaarigen mit ihren klaren Vorstellungen von Arbeit, Lustverzicht, Männlichkeit und Ordnung. Mit ihnen wird man sich mühen müssen. Schließlich sind auch sie Produkte der gängigen Sozialisation.
Eine kleine Begebenheit: In einer Schule des Landes wird eine Ausstellung über die NS-Zeit eröffnet. Die Schüler, ruhig, selbstbewußt engagiert, gestalten selbständig ein kleines Rahmenprogramm, in dem pointiert die Sorge artikuliert wird, unser Staat sei allzusehr Selbstzweck und der Apparat kümmere sich, wenn er sich schon kümmere, um die Falschen.

---

13) Vielmehr gab es in Berlin und im Ruhrgebiet spontane Versammlungen bewaffneter Arbeiter. Goebbels hatte allen Grund, seinen Fackelzug am Brandenburger Tor für den (heute noch gezeigten) Film nachspielen zu lassen.

14) Marcuses Wort vom "Verblendungszusammenhang" gehört hier her.

Der Festredende seinerseits, Vertreter der Kommune und einer anderen Generation, schließt seine Ansprache, die Ausstellung möge der nachkommenden Generation eine Mahnung sein.
Gelächter bei den Schülern. Die Reaktion nach einer gewissen Schrecksekunde: Beckmesserei. Die Schüler lachen. Ein kleiner Eklat. Das Büro des Redners läßt später hören, so etwas wolle man nicht noch einmal erleben, man habe gedacht, ein bißchen Brecht oder so ... aber so 'was!
Was war geschehen? Die Schüler hatten schlicht den Eindruck, mit der Bewältigung der NS-Zeit sollten die Betroffenheit, das Entsetzen und der moralische Impuls eingekapselt und abgelenkt werden von dem, "was heute nicht läuft". Die Schüler ließen sich offenbar nicht von einer Generation mahnen, die in ihren Augen nur begrenzt gelernt hat, auch wenn dies im Einzelfall ungerecht sein mag. Sie konnten und wollten die NS-Zeit nicht museal auffassen, auch Brecht war ihnen dafür zu schade.

WAS TUN?

Unterstellt, ein Konzept politischen Lernens möchte wirksam werden, es möchte - und das wäre sehr viel - die Möglichkeiten der Verfassung entfalten helfen, so hat es seine raison d' etre zu diskutieren. Einige Positionen sollen im folgenden genannt sein, die konsequent weitergedacht werden müssen.

1. Es ist von den Interessen und Erfahrungen des Lernenden auszugehen. Inhalte sind nicht beliebig.

   Das zu Lernende muß einer Fragestellung unterworfen werden, die den Lernenden nicht nur lernpsychologisch, sondern vor allem in seiner sozialen Existenz und Geschichte mitbedenkt. Das zu Lernende muß auf subjektive Erfahrungen u n d objektive Interessen des Lernenden bezogen sein. Die "objektiven Interessen" des Lernenden sind in Politik, Didaktik und Pädagogik offensiv zu diskutieren.
   Schulische, berufliche, geschlechtsspezifische, altersspezifische usf. Bezüge können ebenso gewählt werden wie Merkmale von Lebensqualität, eigener Geschichts(un)bewußtheit, Zukunftserwartung usf. Aspekte können um ein Thema gruppiert werden: Wohnen, Arbeitsplatz, Solidarität, Ausbeutung, gesellschaftliche oder private Erziehung, Partizipation, Demokratisierung, Umgang mit der Natur, Rüstungsinteressen.
   Dieses Verfahren bedeutet, daß eine fachwissenschaftliche Handbuchsystematik - gar noch einer Einzeldisziplin - nicht Ordnungsprinzip allgemeinbildend organisierten Lernens sein kann. Dies Verfahren fordert wissenschaftliche Kontrolle. Keinesfalls jedoch pflegen die wissenschaftlichen Standards dort zu liegen, wo eine Mittelung gängiger politischer und veröffentlichter Meinung sie vermuten ließe!

Es hieße die Lernenden nicht ernstnehmen, wollte der Organisator von Lernen in jedem Falle im Vornhinein die Ergebnisse kennen und festlegen (15).

2. Es ist dem moralischen Rigorismus der Verfassung, der Jugend und der Aufklärung Recht zu geben.

3. Alle offenen Verfahren der Methodik sind anzuwenden.

   Es ist jedoch eine Illusion, das Lernen sei deshalb schon selbstbestimmt. Es ist dies ebensowenig wie es die jeweilige soziale Existenz ist.

INTENTIONEN

Politisches Lernen will, "daß Auschwitz nicht noch einmal sei", "daß um des Überlebens der Menschen willen der Versuch, Barbarei zu beseitigen, das Entscheidende ist" (Adorno). (16)
Dazu bedarf es eines urteilsfähigen Menschen, der die Fähigkeit zum Widerstand, zur Solidarität, zur sozialen Phantasie und zur kompetenten Auseinandersetzung mit der gesellschaftlichen Entwicklung, ihren Widersprüchen, Problemen und Interessen besitzt und diese Fähigkeit anzuwenden bereit ist.
Diese Fähigkeit entwickelt sich derzeit leider häufig nur in Opposition zur gesellschaftlich veranstalteten Sozialisation.

> "... So haben die Sieger die Geschichte geschrieben. Es ist an der Zeit, daß ein freiheitlich-demokratisches Deutschland unsere Geschichte bis in die Schulbücher hinein anders schreibt. Ich glaube, daß wir einen ungehobenen Schatz an Vorgängen besitzen, der es verdiente, ans Licht gebracht und weit stärker als bisher im Bewußtsein unseres Volkes verankert zu werden. Nichts kann uns daran hindern, in der Geschichte unseres Volkes nach jenen Kräften zu spüren und ihnen Gerechtigkeit widerfahren zu lassen, die dafür gelebt und gekämpft haben, daß das deutsche Volk politisch mündig und moralisch verantwortlich sein Leben und seine Ordnung selber gestalten kann."
>
> Gustav Heinemann (1970)

---

15) "Das Infantile des Lehrers zeigt sich darin, daß er den Mikrokosmos der Schule, der gegen die Gesellschaft der Erwachsenen mehr oder weniger abgedichtet ist ..., daß er die ummauerte Scheinwelt mit der Realität verwechselt." (Th. Adorno: Erziehung zur Mündigkeit, Frankfurt 1971, S. 84) Dieser leicht weiterzudenkende Satz gilt in gleicher Weise für rigide Abbilddidaktiker, wie für die Phantasien der "We need no education"-Anhänger.

16) Adorno, a.a.O., S. 92 und 126 f.

Seite 30 / Samstag, 12. Februar 1983, Nr. 36 **An- und Verkauf** Frankfurter Allgemeine Zeitung

EINMALIG
schöne, natürlich gefärbte Brillanten von 0,50—3,50 Kt. — rosé — blau — grün . . . VON STETS STEIGENDEM WERT. WEIT UNTER SCHÄTZWERT, GEGEN BAR ZU VERKAUFEN, ZERTIFIKAT G.I.A.
D.A.D. — Plantin en Moretuslei 174 — 2018 ANTWERPEN / BELGIEN, Tel. 00 32 / 3 / 2 30 46 04

Restposten aus Liquidation
alter Solinger Besteckfabrik! Silberbestecke, 100er Silberauflage, 70 Teile, 12 Pers., im Koffer, 770,—. Goldbestecke, 24 ct. Hartgoldauflage, 70 Teile, 12 Pers., im Koffer, 670,—. Tel. 02 21 / 44 26 98, 18 b. 20 Uhr.

Adolf Hitler „Mein Kampf"
Zwei Bände in einem Band, ungekürzte Ausgabe, 21. Auflage 1933 und eine Auflage 1940 gegen Höchstgebot zu verkaufen.
Eduard Meyer, Klosterstr. 10, 4446 Hörstel.

Rolex
Oyster Day-Date Champagner, ca. 3 K Brillanten, 18 K Gold, Neupreis DM 34 000,—, 6 Monate alt, DM 24 000,—. Tel.: 0 61 72 / 7 16 41.

Pelzbarankauf/Tausch
Pelura GmbH
Dauerinfo, Tel. 02 11 / 36 00 25

Edelmetallankauf
Industrieabfälle, Silber, Platin, Altgold, Zahngold und Schmuck. Sendungen per Einschreiben, Geld per Postanweisung.
V. Gordon, Rheinsternhaus, Mevissenstraße 16, 2. OG, 5000 Köln, Ruf 02 21 / 73 92 56.

Einer der schönsten und größten Schmuckkataloge Deutschlands ● Alle Preislagen ● FIEDLER
Schmuck GRATIS KATALOG '83 SchmuckVersand 8895 Inchenhofen

Adolf Hitler „Mein Kampf"
296.—299. Auflage 1938 und Broncebüste, 16 cm hoch, zu verkaufen. Hosemann, 8051 Hangenham, Tel. 0 81 61 / 6 36 26

Adolf Hitler „Mein Kampf"
2 Bände in einem Band ungek. Ausgaben 543.—547. Auflage 1940, meistbietend zu verk. Dane, 02 14 / 5 46 23.

Verk. Mein Kampf 1937
DM 1500,—, WISSEL, Tel. 0 60 29 / 74 15.

Photo-Keramik-Maschine
elektr., für Photos auf Porzellanteller, preisgünstig abzugeben. Tel. 0 30 / 87 20 81.

Steinway-Klavier
Nr. 390391, helles Holz, 114 cm, zu verkaufen. 02 01 / 49 46 51.

Privatverkauf aus Sammlung
Alle Bücher wie neu
17 Bände DOSTOJEWSKI, Ausg. 1925
4 Bände „DAS WELTREICH DER TECHNIK", Ausg. 1923—1926
1 Band „ILLUSTRIERTE GESCHICHTE DES KRIEGES 1870/71", Ausg. 1895
Goethes 13. Band „NATURWISSENSCHAFTLICHE SCHRIFTEN", Ausg. 1904, von Richthofen „DER ROTE KAMPFFLIEGER", Ausg. 1933
2 Bände in einem Band „ADOLF HITLER MEIN KAMPF", 28. Auflage, 1933.
Angebote an H. Blum, Sturmvogelweg 2, 7000 Stuttgart 50.

Zu verkaufen:
Diamanttropfen
1.01 crt. GIA D, Anfragen unter A B 773475 an die Frankfurter Allgemeine, Postfach 2901, 6000 Ffm. 1.

Spiegel 1958 bis 1977 einschl. zu verkaufen
Tel. 02 31 / 52 28 12 (priv.) oder 23 90 41 (Frau Kopp).

Echte Gelegenheit
Jamahaspitzenorgel E 70, unbenutzt, NP DM 22 500, nur DM 15 000. Tel. 0 81 91 / 6 62 72.

Adolf Hitler „Mein Kampf"
125—126. Auflage 1934, zu verkaufen. Georg Rothenspieler, Tel.: 02 71 / 4 31 36.

Einmalige Gelegenheit
Rarität in Privatbes., Märklin, Bing, Krauss, Spur 0, Großanlage ab 1920 bis Anf. 50er Jahre zu verkaufen. Zuschriften unter A B 773533 an die Frankfurter Allgemeine, Postfach 2901, 6000 Ffm. 1.

A. HITLER „Mein Kampf" 1935
A. BEBEL „Frau u. Sozialismus" 1919
K. MARX „Das Kapital" 1923
guter Zust., z. vk., Brandt, Tel. 04 41 / 8 79 34.

DIAMANTEN
Jetzt günstig kaufen
DIAMANTEN
mit int. anerk. Zertifikat
Prüflabor Idar-Oberstein
RUBINE, SAPHIRE, SMARAGDE
mit int. anerk. Gutachten
Rolexuhren/Diamantkränze
Michael W. Klotz
Diamanten und Edelsteine
Im Braunshardter Schloßpark
6108 Weiterstadt 3 b. Darmstadt
Tel.: 0 61 50 / 46 52

Mit 50% Nachlaß:
Iro-Riesenglobus auf Sockel, 127 cm Ø, H. 185 cm, beleuchtet, m. Motorantrieb, neuwertig, statt DM 11 280 für DM 5640,—. Redmann, 8520 Erlangen, Postfach 3005, Tel. 0 91 31 / 2 59 07

Adolf Hitler
„Mein Kampf"
la Zust. Leder, Goldschn., Jub.-Ausgabe z. 50. Geb.-Tag 1939, gegen Gebot z. verk. Schroeder, Tel. 0 21 61 / 5 10 39

70tlg. Goldbesteck
23 kt. hartvergoldet, für 12 Personen im Luxuskoffer. Listenpreis 3485,— DM, für nur 985,— DM abzugeben. Imex, Tel. 0 44 43 - 25 80, Telex 251430.

Verkaufe Bockdoppelflinte
FN-105-Skeet (NP 4800,—) für 3600,—. WBK erforderlich 0 66 29 / 4 21

Adolf Hitler „Mein Kampf"
Doppelbd, 1939, blaugold, erstkl., verk. günstig. Kiko jun., Telefon 0 29 31 / 6 16 03.

Notverkauf
Tragbare Video-Anlage, Panasonic Tuner, Video-Recorder, Camera, Tragetasche u. Netzteil, Pr. 3800 DM (6200 DM Neupr.). Tel.: 0 62 06 / 5 65 50

Adolf Hitler
Mein Kampf
Aufl. 2/41/1937 Bd. 1+2 Hochzeitsexemplar in Leder.
Dupik, Tel. 0 76 21 / 8 80 32.

Biete in vorbildlichem Zustand
Adolf Hitler: „Mein Kampf"
2 Bände in einem Band, ungekürzte Ausgabe 1940, roter Leineneinband in originaler Verpackung. Gebote ab Sonntag unter 0 23 67 / 14 34 — Kindermann.

Alte Städte-Ansichten aus allen Gegenden
Original-Stiche aus fünf Jahrhunderten von 1490 bis 1890 liefert
Antiquariat Murr
8600 BAMBERG
Am alten Rathaus
Postfach 4037

Adolf Hitler
„Mein Kampf", ungekürzt, 261./262. Auflage von 1937, sehr guter Zustand, DM 2000,—. Dr. Raisig, Tel.: 0 61 73 / 4 43 06.

Hitler:
„Mein Kampf"
197.—201. Auflage, 1936; Rosenberg: Mythus des 20. Jh., 1943; div. Uniformröcke. Kirberg, Tel. 0 52 23 / 5 04 52.

Neuer weißer Luchsfuchsmantel, Gr. 40/42, jugendliche Form, NP 16 900,—, für DM 10 000,— zu verk. Tel. 06 21 / 31 62 12 od. 0 62 36 / 5 32 17.

Adolf Hitler „Mein Kampf"
ungekürzt, zwei Bände in einem Band, 11. Auflage von 1942 zu verkaufen. Paschedag, Tel. 0 42 38 / 5 22.

Auflösung einer großen Briefmarkensammlung:
Bund, Berlin, je 2 × komplett, postfrisch und gebraucht, Deutsches Reich, fast komplett, ebenfalls postfrisch und gebraucht, Österreich, postfrisch und gebraucht, fast komplett, mit Levante, Bosnien, Herzegowina, ect. Sammlungen Rumänien, Polen, Großbritannien etc. Erwarte 30—35% Michelmark. Zuschriften erbeten unter A B 773159 an die Frankfurter Allgemeine, Postfach 2901, 6000 Ffm. 1.

Eilige Anzeigenaufträge können Sie telefonisch aufgeben, wenn Sie die Sammelnummer der
Anzeigenaufnahme
06 11 - 75 91 800
direkt anwählen.
Auskünfte, Beratung, Wiederholungsanzeigen
75 91 310
für die Rubrik
An- und Verkauf
Frankfurter Allgemeine
ZEITUNG FÜR DEUTSCHLAND

Auch Zeitungsanzeigenseiten spiegeln gesellschaftliche Realität wieder; mitunter drastischer, als dies ein redaktioneller Beitrag vermag.

Hans Uwe Schmidt:

FASCHISMUS UND ÄSTHETIK

Vorbereitende Thesen und Überlegungen über den Zusammenhang von Faschismus und Ästhetik für Unterrichtsprojekte in den gesellschaftswissenschaftlichen Fächern

Als Kunsterzieher kann man die Erfahrung machen, daß seitens vieler Lehrer der Politik und Gesellschaftslehre Vorbehalte gegenüber Unterrichtsprojekten bestehen, die - einer meist unausgesprochenen Meinung nach - in den Kunstunterricht gehörten, und auch gerade gegenüber solchen, die Phänomene des Faschismus/Nationalsozialismus von ihrer visuellen und ästhetischen Seite angehen wollen. Nur zu oft klingen diese Vorbehalte so, als drohe eine Übergewichtung des Visuellen. Meines Erachtens droht etwas ganz anderes: nämlich, daß die Ästhetisierung der Politik - wie sie W. Benjamin herausgearbeit hat - in der Behandlung im Unterricht zu schnell verloren geht oder daß sie gar nicht angesprochen wird! Der distinkte Gegenpol dazu war für Benjamin der Kommunismus: hier gehe es um die Politisierung der Kunst (1). Schon diese von Benjamin zugespitzte Entgegensetzung müßte interessante Planungen auch im gesellschaftswissenschaftlichen Unterricht erwarten lassen. Meiner Kenntnis nach werden jedoch nur vereinzelt Unterrichtssequenzen erprobt, die das Ästhetische im Politischen explizit aufzunehmen wagen. Und wenn das geschieht, dann kommt es nur selten zu einer ausreichenden Zusammenarbeit der Fächer Kunst und Geschichte. Nun möchte ich behaupten, und dies im folgenden Text an einigen vorbereitenden Thesen, Arbeitspapieren und Überlegungen illustrieren, daß Arbeitsmethoden, Medien und Ansatz des Kunstunterrichts gerade für die sozialwissenschaftlichen Fächer befruchtend sein können.

I.

These: Der Faschismus verdankte und verdankt noch seine einzigartige Faszination einer durchgehenden Ästhetisierung und Mediatisierung des gesamten Lebens, angefangen bei der Politik bis hinein in die Privatsphäre.

Benjamin schreibt dazu: "Der Faschismus versucht, die neu entstandenen proletarisierten Massen zu organisieren, ohne die Eigentumsverhältnisse auf deren Beseitigung sie hindrängen, anzutasten. Er sieht sein Heil darin, die Massen zu ihrem Ausdruck (beileibe nicht zu ihrem Recht) kommen zu lassen. ... Die Massen haben ein Recht auf Veränderung der Eigentumsverhältnisse; der Faschismus sucht ihnen einen Ausdruck in der Konser-

---

1) Walter Benjamin: Das Kunstwerk im Zeitalter seiner technischen Reproduzierbarkeit (zweite Fassung). In: Walter Benjamin: Gesammelte Schriften (hrsg. von Rolf von Tiedemann und Hermann Schneppenhäuser), Bd. I,2; Frankfurt 1974, S. 471-508

vierung zu geben. DER FASCHISMUS LÄUFT FOLGERECHT AUF EINE ÄSTHETISIERUNG DES POLITISCHEN LEBENS HINAUS. Der Vergewaltigung der Massen, die er im Kult eines Führers zu Boden zwingt, entspricht die Vergewaltigung einer Apparatur, die er der Herstellung von Kultwerken dienstbar macht. ALLE BEMÜHUNGEN UM DIE ÄSTHETISIERUNG DER POLITIK GIPFELN IN EINEM PUNKT, DIESER PUNKT IST DER KRIEG." (2) Benjamin bezieht sich in diesem Text dann später auf Marinetti, einen Theoretiker des Futurismus, der in seinem Futuristischen Manifest alles das vorwegnimmt, was dann im Zweiten Weltkrieg in das Pathos der Kriegsberichterstattung einfloß. Was die Nationalsozialisten im Futurismus beschrieben und im italienischen Faschismus vorgeformt fanden, trieben sie nun weiter voran, indem sie eine besondere deutsche Variante ausprägten: den Typ des industrialisierten Massenmilitarismus mit seinen sakralen Zügen.

Dies Sakrale - oder wie Benjamin es nennt: das "Kultische" - verdient eine eingehendere Betrachtung: Natürlich sind Ästhetisierungen allgemein im öffentlichen Raum immer Ausdruck von bestimmten Verhältnissen - auch und besonders in einer demokratischen Gesellschaft - sonst wäre Werbung völlig wirkungslos und der ganze Aufwand zu ihrer Erhellung nicht nötig. Aber "Ästhetisierung" und "Kult" bedeuten hier viel mehr als das bloß augenfällig Gestaltete - Kult meint aufgezwungene Gestaltung im Sinne von Zurichtung und Ausrichtung auf die verherrlichte Macht. Es ist die Ausdruck gewordene Gestalt, um die es hier geht! Und sie personifiziert sich in der Gestalt des Führers. Während dessen äußerlich allzu "menschliche" Erscheinung schon in ihrem prinzipiellen Ungenügen nach dauernder Überhöhung verlangt, ist dieses grundsätzliche Ungenügen das Motiv für den Druck auf die Massen zu immer bombastischeren Formen feierlicher Verehrung. Indes anders als im archaisch-mythischen Verhältnis zu einem übermächtigen Dämon oder Gott, der in einer Person oder Gesellschaft verwurzelt ist, fehlt hier der eigentliche Inhalt des Kultes: das Opfer.

Das Opfer, das den dauernd gefürchteten und latent vorhandenen Zorn der Gottheit beschwichtigen und damit eine Entspannung der Situation bewirken soll, ist im Nationalsozialismus die Masse selbst, und wenn auch nicht ganz, so doch in ihren Teilen und Gruppen. Das im Führer-Massen-Kult vorgeführte Gleichgewicht ist im Gegensatz zum ehedem wahren Kult eine Situation voll aggressiver Spannung, eine bewußt herbeigeführte zynische Täuschung. Da hier die Darbringung eines Opfers nicht vergegenständlicht und nicht zu ihrem Inhalt gemacht ist, kommen die Massen mit leeren Händen, können nichts als ihre eigene Unterwerfung feiern, haben keinen Teil an der Feier, außer "Heil" zu schreien. So - ohne Kraft und Selbstbewußtsein - sind sie zur bloßen paralysierten Menge zerfallen. Und während das Szenarium entliehener Rituale lähmende Feierlichkeiten verbreitet, werden unter der Fassade von Beschwörungen (z.B. "völkische

---

2) Ebd., hier ist besonders jene Stelle gemeint, die von S. 506 zum Schlußsatz führt.

und rassische Gemeinschaft") im Rücken der terrorisierten Massen ganze Gruppen der Selektion und Vernichtung zugeführt.
Einige Beispiele seien schnell namhaft gemacht:

- die Reichsparteitage und ähnliche Anlässe und die dazu errichteten pseudohistorischen Bauten
- die Olympiade 1936 und ebenfalls die dazu errichteten Anlagen
- die zu diesen Anlässen hergestellten Filme und Bildbände (an denen sich deutlich zeigen läßt, daß nicht einmal die Augenzeugen, sondern nur die Kameras - und auch diese nur im Zusammenschnitt der verschiedenen Aufnahmen - eine Gesamtschau leisten konnten) (3)
- die weihevollen Inszenierungen von Kriegsgerät - wie das nächtliche Spektakel des "Lichtdoms" durch FLAK-Scheinwerfer (4)
- die Kriegsberichterstattung insgesamt als ständige Perversion von Begriffen wie: Held, Waffe, Sieg, wo es sich um weisungsgebundene Befohlene, um industrielle Vernichtungsmaschinen, um Überfall und auf Versklavung oder Vernichtung ausgerichtete Aktionen handelt.

Es ließen sich bestimmt noch weitere Beispiele für "ästhetische Thematisierungen" der Politik im Faschismus anführen; hier sollen nur diese bekanntesten für viele stehen - es wäre schon eine lohnende Sache, ergänzende Vorschläge und Materialien zusammentragen!

II.

Unbeantwortet ist bislang die Frage, ob Schüler für dieses vielleicht spröde Thema zu motivieren und über das kognitive Lernen hinaus bis in ihre Emotionen und Gefühle zu aufgeklärtem, freiem und demokratischem Verhalten gegen solche "Faszinationen" zu bewegen sind. Abgesehen von didaktischen und methodischen Erörterungen des Einstiegs, der Motivation und der Beispiele, scheint es mir vorrangig, die Lebenssituation, die Stimmungslage und die Interessen der Jugendlichen zu berücksichtigen. Das Thema selbst könnte vom neunten Schuljahr an behandelt werden. Vor allem auf drei Ebenen läßt sich ein Anknüpfen an die Vorstellungs- und Erlebniswelt der Jugendlichen konkretisieren:

- Auf der Ebene der IDENTIFIKATION: z.B. über Bild- und Filmmaterial zum Themenkomplex Hitlerjugend und Bund Deutscher Mädchen (HJ/

---

3) Berthold Hinz: Die Malerei im deutschen Faschismus, Frankfurt 1977 (Fischer-Taschenbuch 1853)
Die "Ästhetik" im Zusammenwirken von steinerner und "menschlicher Architektur" entfaltete ihre volle Repräsentanz nicht dem betroffenen Akteur, sondern nur demjenigen, der den Überblick besaß. Diese Perspektive aber hatte neben den Protagonisten der Veranstaltung nur die geschickt eingesetzte photographische Kamera. Tatsächlich ermöglichte erst das von ihr geschaffene Medium - Lichtbild und Film, die Einführung des Fernsehens war geplant - nicht nur die volle und eigentliche Rezeption der Inszenierungen aus Stein und Mensch, sondern nun erst wahrhaft massenhafte Verwirklichung. Vgl. dazu auch: Berthold Hinz: Appell zur Abwehr des Unverstandenen, in: Das Parlament Nr. 4-5/29.Januar 1983

4) Joachim C. Fest: Hitler - Eine Biografie, Frankfurt 1973

BDM) und Arbeitsdienst verbunden mit Quellen- und fiktionalen Texten (z.B. Walter Kempowski: Tadellöser und Wolff; Stephan Stolze: Innenansicht).

- Auf der Ebene der KONFRONTATION: mit den Verhaltensweisen, dem Auftreten und dem Erscheinungsbild von jugendlichen Neo-Nazis und Polit-Rockern.
- Auf der Ebene der ANALYSE: z.B. der Jugend-Moden wie: Uniform-Look, Rocker, Mods, Punk und Popper - aber auch anderer ästhetischer Bereiche wie Kunst und Architektur.

Der ästhetisch-visuelle Ansatz dieser Vorschläge läßt sich besonders gut begründen mit der im Jugendalter noch unzureichend ausgebildeten Fähigkeit, komplizierte gesellschaftlich/politische Zusammenhänge in ihrer ganzen Abstraktheit zu begreifen. Der Mangel an Lebenserfahrung und Abstraktionsfähigkeit könnte Jugendliche besonders ansprechbar und empfänglich für ästhetische und daher - weil "sinnlich" - scheinbar direkte Wahrnehmung machen.
Das Ziel solcher Unterrichtsprojekte wäre, einen euen "Wahrnehmungstyp" zu schaffen, ausgestattet mit einem bewußten reflektierten Wahrnehmungsverhalten zu sich selbst und zu dem wahrzunehmenden Gegenstand. Dieser Gegenstand ist hier zu begreifen und zu vermitteln als Gegensatz von bewußt produktivem Sein/Erleben gegen ein Sein/Erleben durch Unterdrückung, Leben in Formen von Gewalt. Gerade dieses im Grunde parasitäre ist das Wesentliche des Nationalsozialismus - sein zutiefst destruktives, lebensfeindliches Moment.

III.

These: Dem Wesen des Nationalsozialismus entsprechend, sind alle prägnanten Merkmale seiner Erscheinungsformen ABZEICHEN von Herrschaft, Gewalt und Unterdrückung.

Letztlich unterscheidet diese von allen anderen Tyranneien, daß sie jegliche Werte in der Politik (auch der Konservatismus war ihr nur Mittel zum Zweck) und Ethik zynisch mißbrauchte und hinterging - und in diesem sozial-ethischen Chaos als einzige verläßliche - weil sichtbare - Orientierung die verordnete, totale Ästhetisierung aller Gesellschaftsbereiche erzwang. Das beginnt beim wissenschaftlich unhaltbaren Rasse-Typ und hat seine grauenhafte Entsprechung in den auch noch hierarchisch bestimmten Abzeichen für die verschiedenen Gruppen von KZ-Häftlingen. Der Nationalsozialismus sucht Legitimität in der Ästhetisierung der Macht.
Mit dieser These sei übergeleitet zum anderen, dem traditionalistischen Aspekt dieser Ausführungen, den man am besten mit dem Titel eines Aufsatzes von Jean Clair einleitet: "Das Dritte Reich als Gesamtkunstwerk des pervertierten Abendlandes"! (5)

---

5) Jean Clair: Das Dritte Reich als Gesamtkunstwerk des pervertierten Abendlandes - europäische Utopien seit 1800, Düsseldorf 1983

Zweifellos bezweckten die "Drahtzieher" der Ästhetisierung im NS-Staat, daß durch die Gestaltung von Aufmärschen und Massenversammlungen deren eigentlich bedrückende Wirkung vermittels parade- oder revueähnlicher Organisationsformen dem einzelnen als "geordnet" erscheinen sollten.

Indem sie durch das Verleihen von Rangabzeichen und Uniform jedermann die Rolle eines Staatsdieners zuwiesen, machten sie jeden einzelnen zu einem Abbild des Führers, hoben so die Anonymität in der Masse scheinbar auf und gaben solchen Aufzügen den Anschein eines Dienstes am Höheren mit unübersehbar sakraler Attitüde. Sie wurden zum gruppen- und klassenüberwindenden Volksgemeinschaftserlebnis.

Der Verschleierung der Entfremdung der Menschen entsprach die Entmachtung der Massen im Staat.

Solche Zusammenhänge sind in ihrer Darstellung wohl nicht neu, man muß sie sich jedoch erneut vergegenwärtigen, um erkennen zu können, wie der Nationalsozialismus in historisierender "Sozialgestaltung" demagogisch Elemente der verschiedensten kulturellen Herkunft versatzstückartig bemühte und ausbeutete. Und indem sie, nach wagnerischer Größe trachtend, das Brauchtum, Ideen und Liedgut des gesamten Abendlandes - eingeschlossen die Kirchen und die Arbeiterbewegung - ständig vorführten, suchten sie den entmündigten und entrechteten Massen mit dieser "Fülle" zu verbergen, wie sie ausgebeutet, geschunden und geschlachtet wurden.

Der Krieg war in diesem Sinne auch in dieser leidig-leidvollen Verbindung in ihrer ästhetischen Konsequenz von

- Freude am glänzenden militärischen Putz,
- rauschhaften rhythmischen Erlebnissen des dauernd und überall Marschierens,
- Perversion der Freude an Maschinen, indem ihre Effizienz nicht in ihrer Produktivität vorgestellt wurde, sondern in ihrer Vernichtungskraft und somit in Verehrung von Waffen umschlug,
- Glauben an den Rassemenschen als Rechtfertigung für die totale Herrschaft und die Vernichtung der anderen,

die ultima ratio jenes Systems.

Spätestens bei der Aufzählung solcher Phänomene wird aber klar, daß die ohne Frage genialischen "Regisseure" des Nationalsozialismus solche - die Gemüter bewegenden Motive - nicht gleichzeitig erfinden und unter die Leute bringen konnten, sondern schon aus "informationstheoretischem" Kalkül auf schon bereits Bekanntem "aufbauen" mußten.

Daraus ergeben sich drei entscheidende Fragen:

- Auf welche ästhetischen Traditionen kultureller Verhaltensformen und Kulturgutes konnten die Nazis zurückgreifen?
- Wieso leistete gerade die Ästhetisierung diese Faszination und warum ausgerechnet in Deutschland?
- Was war eigentlich neu - die lautschreierischen Versprechungen etwa?

DIE GROSSE SCHAU: die Phalanx der Nazi-Bataillone auf dem Nürnberger Parteitag
aus: Stefan Lorant: Sieg Heil!, Frankfurt 1979, S. 250

Zur Beantwortung dieser Fragen muß man weiter ausholen und in Erinnerung rufen, welche Rolle die bildende Kunst und hier speziell die Malerei in der deutschen bürgerlichen Kultur seit der Romantik spielte – für die anderen Künste und Medien ließe sich sicher entsprechendes fragen. Gerade die offiziell bekannten Werke führten vor und formten aus, was man als typisch "deutsche" Gehalte und die darin zum Ausdruck kommende Gefühlslage und Geisteshaltung – schlicht die "Gesinnung" – zu bezeichnen sich gewöhnt hat:

- Gemütlichkeit als das stille Glück im Winkel (Biedermeier)
- Seelentiefe in romantisch-pseudoreligiöser Naturverehrung (Naturalismus)
- Heroisierung insbesonders des deutschen Menschen.

Zu den beiden letzten Punkten sind sowohl die Malereien der Spätromantik und des Jugendstils z.T. frappierende Beispiele und vor allem der schon abseits in den Bereich des Kitsches einzuordnende Fidus, der sich mit seinen romantisierend-patriotischen Sentimentalitäten über Postkarten und die in Massen produzierten Öldrucke einer vieltausendköpfigen Gemeinde erfreuen konnte. Aber auch die Rezeption seriöserer und spröderer Werke – wie die Caspar David Friedrichs oder gar Rembrandts Werke – wurden auf jenes Einheitsniveau von Kulturgut gestutzt, das seinen Platz hatte zwischen Gummibaum und Vertiko – "fachmännisch" geleitet von Schriften wie Langbehns "Rembrandt als Erzieher" (6), ein erfolgreiches Muster, dem dann später auch noch "Caspar David Friedrich als Erzieher" (7) folgen konnte.

Sicher haben damals Malerei und Grafik eine besondere Breitenwirkung gehabt, weil sie wie keine andere Kunst in der Lage waren, durch technische Vervielfältigung einen ähnlich hohen Verbreitungsgrad zu erreichen wie die Literatur. Es konnten sich daher Vereine für Kunstbeflissene bilden, die mit den heutigen Buchclubs verglichen werden können. Um eine bestimmte nationale Gesinnung zu verbreiten und zu fördern, waren besonders auch Kunstdrucke und Grafiken sehr erfolgreich. So gab es vom Deutschen Flottenverein großformatige Stahlstiche der ruhmreichen Kriegsschiffe als beliebte Jahresgaben.

Berücksichtigt man die besonders starke affektive Wirkung von Bildern, so ist die Beeinflussung und Massenwirkung durch diese Medien gewiß nicht gering anzusetzen. Allerdings war diese Wirkung funktional – politisch zweckgebunden. Gerade diese Funktionalität begründete aber ihren Wert und strahlte aus auf andere Werke anderer Epochen und rückte sie, sofern man sie nicht wie Rembrandt und Caspar David Friedrich national vereinnahmen konnte, zu den fraglosen Kulturwerten. Daher konnte ein Kulturbewußtsein entstehen, in dem Kunst einen Wert an sich und Werke be-

---

6) A. Julius Langbehn: Rembrandt als Erzieher, Unter dem Pseudonym: von einem Deutschen, Leipzig 1890 (neu aufgelegt 1936 bei W. Kohlhammer, Stuttgart)

7) Kurt Karl Eberlein: Caspar David Friedrich der Landschaftsmaler – ein Volksbuch deutscher Kunst, Bielefeld 1939

stimmter Künstler Werte vom Rang der Fixsterne einer festgefügten Himmelskuppel darstellten und somit das kritische Potential der Kunst unterschlagen wurde. Ein solchermaßen eingeengter Kulturhorizont mit den damals legalen obrigkeitlichen Manipulationsmöglichkeiten entsprach den Wünschen der Herrschenden im II. Reich und beschränkte den Bewußtseinsstand weitester Kreise auf ein grüblerisches aber eigentlich gedankenloses Verehren und Sammeln.
Um so härter war dann zwar der Bruch nach dem I. Weltkrieg; aber der Boden, auf dem die konterrevolutionäre Kulturpolitik der Nazis fußen konnte, war noch fruchtbar - daran konnten zehn Jahre Moderne Kunst in Deutschland nicht viel ändern! Autoren wie Gumbel (8), Lucas (9) und zuletzt Theweleit (10) haben deutlich gemacht, wie sehr die "Bewegung" der Nazis ausging von den nach dem Kriege existierenden Freikorps und in Form von Geheimbünden die zwanziger Jahre überdauerte.
Ist es nicht plausibel anzunehmen, daß diese zumeist monarchistisch eingestellten Männer - wie z.B. E. v. Salomon - von Erinnerungen, also von bildhaften, ästhetischen Nostalgien und Phantasien die Energie bezogen, die sie zu Mördern und Usurpatoren machte? Könnte nicht da eine wichtige Ursache liegen für die spätere ästhetische Dominante? Jünger, Klinger, Salomon waren aber gewiß für die Entfaltung der ästhetischen Virulenz des Nationalsozialismus Randfiguren im Vergleich zu der obszönen Genialität, zu der es Hitler und Göbbels in der Beherrschung und dem Einsatz moderner Massenmedien gebracht haben. Darin, in der totalen Ankettung an die Massenmedien, in dieser rücksichtslosen Unterwerfung eines ganzen Volkes unter die Anarchie einer hard-core-Produktion, liegt das satanisch Neue.

IV.

These: Das demokratisch-revolutionäre Potential der künstlerischen Avantgarde ist für die Politische Bildung noch nicht entdeckt.

Wenn es als unstrittig gelten kann, daß die Demokratisierung der Weimarer Republik nur oberflächlich war und die Gegensätze zwischen Autoritären und Demokraten nur scheinbar zum Ausgleich gebracht waren, so bedeutete der Modernisierungsschub im Bereich der Kultur für die Bürger einen (gewollten) Affront und für die verelendeten Proletarier einen Zynismus - und da, wo die neue Kunst von offizieller Seite und von Fachleuten ernstgenommen und als legitimer Ausdruck von Gesellschaft und Epoche anerkannt und eingesetzt wurde, fürchteten beide Klassen den Verlust ihrer kulturellen Identität. Das bedeutete einen weiteren Schritt in die Entfremdung - für was - oder gegen wen - oder was die moderne Kunst da immer vorgeben mochte Partei zu ergreifen.

---

8) Emil Julius Gumbel: Verwörer - zur Geschichte und Soziologie der deutschen nationalsozialistischen Geheimbünde 1918-1924, Heidelberg 1979
9) Erhard Lucas: Märzrevolution 1920, Frankfurt 1970 (Bd. I: Einführung S.15)
10) Klaus Theweleit: Männerphantasien, Heidelberg 1977 (auch als rororo-Tb.)

Es muß auf weiteste Kreise wie ein Schock gewirkt haben, daß plötzlich nicht mehr nur bestimmte künstlerische Gestaltungsweisen und Ausdrucksformen durch junge Künstler verändert und durch andere, oft unverständliche und provozierende ersetzt wurden, sondern daß das bis dahin pyramidal geordnete Kunstleben durch einzelne oder Gruppen von "anarchistischen" Künstlern umgestürzt wurde und der ganze Kunst- und Kulturbetrieb von den Produzenten über die Vermittlung und Verteilung revolutioniert wurde und gar durch Setzung entgegengesetzter Werte, Manifestationen von Unsinn und schwerste Verstöße gegen eingefleischte Rezeptionsgepflogenheiten die Souveränität der Adressaten und Kunstkenner selbst auf tiefste verletzt wurde.

Dabei sind nicht einmal die vielberufenen verbotenen und verfolgten Künstler des Expressionismus gemeint, gab es doch ihrerseits wie seitens des "linken kulturpolitischen Flügels der NS-Bewegung" zunächst noch Annäherungsversuche und die nicht grundlose Hoffnung auf ein Arrangement; das beste Beispiel ist hier Fritz Lang. Aber der Führer wollte eine klare und auch dem schlichtest denken Volksgenossen und Blockwart einleuchtende Abgrenzung. Das Ureigenste kultureller Leistung nämlich, das semantische Verflüssigen von Gegensätzen sollte abgeschafft werden, damit auch in der Kultur und Kunst klar sein sollte, was "völkisch" dazu gehörte und was es abzuwehren galt, so daß durch eine "Kunstabwehrgesinnung" (11) ein neuer (unschwer zu besiegender) Feind ausgemacht und breiteste Schichten verunsicherter Menschen in eine "Kulturkampfpsychose" getrieben und letztlich für den Faschismus gewonnen werden konnten. Die demokratische Kraft der künstlerischen Avantgarde gilt es noch als Geschichte von verschütteten Möglichkeiten zu erschließen.

---

11) Berthold Hinz: Die Malerei im deutschen Faschismus, a.a.O., S. 25

aus: Vorwärts Nr. 28 vom 5.7.1979

Klaus Gebauer:

DER LATENTE FASCHISMUS
Didaktische Bemerkungen zur Kontinuität und den strukturellen Voraussetzungen

I.

Aus einem Gespräch mit Walter Jens:

Frage: "Gibt es etwas, was von Hitler in unserer Gesellschaft übriggeblieben ist?"

Jens: "Nichts von Hitler direkt, nichts vom Antisemitismus hitlerischer Provenienz, wohl aber von Hitlers Denken, das manichäisch ausgeprägt ist, das heißt das auf ein absolut starres Freund-Feind-Denken eingeschworen ist, also Judenstern oder Hakenkreuz, der Bolschewik oder der deutsche Mensch, der ingrimmige Feind oder der Deutsche. Von diesem Denken ist etwas übriggeblieben, aber natürlich ist dieses hitlerische Denken seinerseits ableitbar aus längst vorgegebenen Mustern, die man in der deutschen Geschichte suchen kann. Der rüdeste Antisemitismus hat ja bereits in den achtziger Jahren des vergangenen Jahrhunderts in Berlin stattgefunden." (1)

Der folgende Beitrag will einige Impulse geben, jenen "längst vorgegebenen Mustern", die Jens hier anspricht, auch einmal unterrichtlich nachzugehen. Der Versuch geschieht in strukturgeschichtlicher (2) Absicht und mit dem Ziel, Lehrern Hinweise zur geben, wie Faschismus als historischer und sozialwissenschaftlicher Begriff für Schüler ein Begriff mit Inhalt werden kann. Es soll allerdings keine Faschismus-Begriffsdiskussion geführt werden. Hier wird davon ausgegangen, daß eine solche Reflexion mit Hilfe der einschlägigen Literatur erfolgt ist. (3)

Auf zwei Strukturphänomene in der deutschen Geschichte möchte ich die Aufmerksamkeit lenken, auf die

- Kontinuität der Einäugigkeit des Staates in der Reaktion auf politische Orientierungen zugunsten der rechten, also der politisch konservativen und reaktionären gesellschaftlichen Kräfte und zu Lasten der linken, also der politisch progressiven demokratischen Kräfte;
- Kontinuität der Fremdenfeindlichkeit in Deutschland.

Die Frage nach Kontinuität und Diskontinuität in der Geschichte ist eine zentrale Kategorie des strukturgeschichtlich orientierten Geschichtsunter-

---

1) In: Werner Filmer / Heribert Schwan: Was von Hitler blieb - 50 Jahre nach der Machtergreifung, Berlin 1983, S. 63 (Ullstein-Buch Nr. 33026)

2) Zum strukturgeschichtlichen Ansatz vgl. Jürgen Kocka: Sozialgeschichte - Strukturgeschichte- Historische Sozialwissenschaften, Vorüberlegungen zu ihrer Didaktik. In: Geschichtsdidaktik, 2. Jg. 1977, Heft 4, S. 284 - 297

3) Vgl. dazu:
Max Horkheimer u.a.: Wirtschaft, Recht und Staat im Nationalsozialismus, hrsg. von Helmut Dubiel und Alfons Söllner, Frankfurt 1981
Wolfgang Fritz Haug: Der hilflose Antifaschismus, Frankfurt 1968 (2. Aufl.)
Otto Bauer / Herbert Marcuse / Arthur Rosenberg u.a.: Faschismus und Kapitalismus, Frankfurt 1967 (2. Aufl.)
Reinhard Kühnl: Texte zur Faschismusdiskussion, 2 Bd., Reinbek 1974 (rororo Tb)

unterrichts, sie sind - wenigstens in Nordrhein-Westfalen - auch in den Lehrplänen anerkannte geschichtsdidaktische Elemente. Die Frage nach der Kontinuität sucht zu klären, inwiefern bestimmte gesellschaftliche Ereignisse zu verschiedenen historischen Zeiten Manifestationen einer diese Zeiten überdauernden gesellschaftlichen Struktur sind. Dieser Ansatz ist deshalb didaktisch so bedeutsam, weil er den Geschichtsunterricht aus der Rolle als Fach, in welchem lediglich Antiquarisches zur geistigen Entfaltung des allgemeingebildeten Bürgers genossen wird, befreit und ihn für die Schüler zu einer Chance verbindlicher politisch-historischer Bildung werden läßt. Der Stoff des Geschichtsunterrichts gewinnt dabei seine Verbindlichkeit eben dadurch, daß die Frage nach der Kontinuität die Frage nach dem politisch-gesellschaftlichen Ereignispotential auch der Gegenwart ist. Kann sich wiederholen, was zwischen 1933 und 1945 in Deutschland geschah? Gibt es Strukturen, die noch wirksam sind? Die strukturgeschichtliche Frage bleibt nicht dabei stehen, die Genese der NS-Herrschaft chronologisch und faktoriell nachzuzeichnen, um dann festzustellen, so könne das bei uns nie wieder passieren.

Die Frage nach dem Faschismus als gesellschaftliche Struktur oder als Ausdruck gesellschaftlicher Strukturen sucht vielmehr nach sozialen Zusammenhängen und damit verbundenen individuellen und kollektiven Verhaltensweisen der Menschen, die aufklären, ob und inwiefern bestimmte oft isoliert erscheinende politische und gesellschaftliche Ereignisse nicht doch ein Signal sind, daß die gesellschaftlichen Voraussetzungen der faschistischen NS-Herrschaft heute noch bestehen. Strukturgeschichtliche Analyse stellt Kausalität zwischen zwei bestimmten Ereignissen nicht allein dadurch fest, daß sich Belege dafür finden lassen, daß das historisch frühere Ursache für das historisch spätere Ereignis ist, sie versucht vielmehr die Verursachung beider Ereignisse aus einem dritten zu erklären, das man als ein historisches "Basis-Faktum", gelagert in der strukturellen Tiefendimension der Gesellschaft, bezeichnen könnte. Sie erkennt damit nicht allein solche Verursachungszusammenhänge, die schon auf der Erscheinungsebene plausibel ausgemacht werden können, sondern auch solche, die auf dieser Ebene gar nicht sichtbar oder belegbar sind.

Die bürgerliche historische Forschung hat sich lange dagegen gewehrt, den Nationalsozialismus konsequent unter strukturgeschichtlichem Frageansatz zu untersuchen, obgleich dieser Ansatz schon lange auch dort prinzipiell anerkannt ist. Einer der bekanntesten konservativen Faschismusforscher, Ernst Nolte, meinte:

> "... die wissenschaftliche Frage nach dem Faschismus (wird) dadurch ermöglicht ..., daß ihr Gegenstand als 'tot' betrachtet werden darf. ... Erst wenn das Ringen des Lebens ermattet ist, schlägt die Stunde der Wissenschaft." (4)

Indirekt wird hier über den strukturgeschichtlichen Ansatz das Verdikt der Unwissenschaftlichkeit verhängt. So mancher Geschichtslehrer mag sich erinnern, wie ihn sein Fachleiter während der Ausbildung mahnte, den

---

4) Ernst Nolte: Der Faschismus in seiner Epoche, München 1963, S. 43 und 24

Begriff Faschismus nur in Zusammenhang mit der italienischen Geschichte zu verwenden, und für die deutsche Geschichte von NS-Herrschaft zu sprechen. Dies geschah ganz aus dem Wunsch heraus, den Nationalsozialismus als etwas Vergangenes, uns heute politisch nicht mehr, bestenfalls moralisch Belastendes darzustellen. Daß das offenbar nach wie vor im Interesse konservativer Politiker liegt (5), machen die Äußerungen deutlich, die Alfred Dregger im hessischen Wahlkampf 1982 begeisterten Anhängern zurief:

> "Ich rufe alle Deutschen auf, aus dem Schatten Hitlers herauszutreten - wir müssen normal werden."

Gezielt auf die in Hessen durch reaktionäre Kampagnen gepeinigte Schule und ihren Geschichtsunterricht meinte er:

> Die Deutschen seien eines der großen Kulturvölker der Erde - "die Geschichte unseres Volkes hat nicht nur zwölf, sie hat 1200 Jahre betragen". Die Verbrechen der NS-Herrschaft seien das Werk weniger "nicht der Wille aller" gewesen. "Die Zukunft ist offen, und wir sind frei." (6)

Aus konservativer Sicht ist Faschismus, wenn damit nicht der italienische gemeint ist, ein linker Begriff, mit dessen Hilfe die Gesellschaft der Bundesrepublik diffamiert werden solle. Es wundert daher nicht, daß strukturgeschichtliche Didaktik, sofern sie den Nationalsozialismus betrifft, für CDU-Politiker im Geschichtsunterricht nichts zu suchen hat.

Für Konservative ist die Frage nach den gesellschaftlichen Strukturen, die Faschismus und Nationalsozialismus möglich gemacht haben, objektiv ein Angriff auf die eigene historische Tradition. Sie empfinden es auch selbst so. Unversehens sehen sie sich auf der Seite derjenigen Traditionen, die Faschismus und Nationalsozialismus fördernd zugelassen haben. Da ist es nicht mehr als ein Gebot der Selbstachtung, die NS-Herrschaft als Verbrechen einzelner und als abgeschlossene Epoche darzustellen. Andernfalls müßten konservative Politiker und die konservativen Staatsapparate der Bundesrepublik fragen, ob nicht doch so manche politische Entscheidung oder Verwaltungspraxis gegenüber der politischen Linken auch gegenüber den Ausländern dieselben Strukturen zur Grundlage haben wie die Verbrechen des NS-Staates. Dies wäre sicher ein wenig systemerschütternd, und daher wundert sich niemand, daß diejenigen, die von Faschismus als gesellschaftlichem Basisfaktum sprechen und im Unterricht bei diesem Thema strukturgeschichtlich arbeiten wollen, in Bayern und anderen ähnlich regierten Bundesländern als ungeeignet für die Tätigkeit im Schuldienst angesehen wurden.
Der Geschichtslehrer in Nordrhein-Westfalen sei hier nochmals darauf hingewiesen, daß strukturgeschichtliche Didaktik hier - noch - möglich ist. Noch gilt, was der Schulausschuß des Landtages am 28. Februar 1980 mit den Stimmen von SPD und FDP beschloß:

---

5) Vgl. dazu auch in diesem Heft den Beitrag von Volkmar Bielefeld: "Das Volks läßt die Führungsschicht bei der Bewältigung der Vergangenheit rücksichtslos im Stich".

6) Frankfurter Rundschau v. 26.2.1982

"Der Geschichtsunterricht trägt wesentlich dazu bei, dem Lernenden durch historische Aufklärung zu einer rationalen politisch-sozialen Identität zu verhelfen. Eine solche Identität darf nicht starr und unbeweglich, sie muß vielmehr belastbar sein und auch in Konflikten und Krisen noch stabil bleiben. Nur so kann der Lernende davor geschützt werden, Heilsbringern oder Führern das politische Feld zu überlassen. Eine Identität die dies leistet, wird nicht durch Vermittlung eines einheitlichen Geschichtsbildes erzeugt, sondern durch die Fähigkeit, gegenwärtige Probleme und Konflikte historisch zu begreifen. Identifkationen mit der eigenen Gruppe, der eigenen Nation gelingt nicht durch Konsens über eine vermeintlich 'heile' Vergangenheit, sondern nur dann, wenn man das auch bislang Umstrittene nicht verschweigt." (7)

Gewiß keine revolutionäre Aussage, aber eine Chance für kritischen Geschichtsunterricht gerade auch im Hinblick auf den Faschismus. Man sollte sie nutzen.

Strukturgeschichtlich der Kontinuitätsfrage nachzugehen, heißt für die Behandlung des Faschismus, eine Fülle von Untersuchungsfeldern zu bearbeiten. Ein paar wichtige seien hier genannt.
Eine gründliche Untersuchung müßte erfassen:

(1) - Kontinuität durch das politische Weiterwirken konkreter Personen (z.B. Politiker, Bürokraten, Intellektuelle)
(2) - Kontinuität der gesellschaftlichen Eliten (z.B. Beamtenschaft, Militär, Unternehmer)
(3) - Kontinuität durch das (Wieder-)Aufleben faschistischer Organisationen (z.B. NPD, faschistische Jugendorganisationen, Wehrsportgruppen)
(4) - Kontinuität durch das Weiterbestehen traditioneller Institutionen (z.B. Struktur der industriellen Produktion, tradierte Rechtssysteme, Beamtenrecht)
(5) - Kontinuität durch strukturelle gesellschaftliche Herrschafts- und Abhängigkeitsverhältnisse (z.B. Verhältnis von Wirtschafts- und Herrschaftssystem)
(6) - Kontinuität durch individuelle und kollektive Einstellungen, Haltungen und Verhaltensmuster in der Gesellschaft.

...

Es braucht nicht begründet zu werden, daß eine Behandlung all dieser Felder mehr Raum in Anspruch nehmen würde, als im Rahmen dieses Beitrages zur Verfügung steht. Deshalb wird hier im wesentlichen nur auf den sechsten und ein wenig auf den zweiten Bereich Bezug genommen. Es besteht dabei kein Zweifel, daß diese Bereiche von den übrigen Feldern in unterschiedlicher Weise abhängig und miteinander verflochten sind und daß für eine ausreichende Faschismusanalyse insbesondere der fünfte Bereich ein unverzichtbares Untersuchungsfeld ist. Aber hier geht es nicht um Vollständigkeit, sondern nur um Hinweise für einen Unterricht, der bei den Schülern ein kritisches Verständnis von Begriff und Phänomen des Faschismus anbahnen kann. Dazu eignen sich Untersuchungen auf dem Gebiet des Verhaltens der Menschen als Individuen und in Institutionen eher,

---

7) Landtagsvorlage 8/2284 vom 28.2.1980

weil die Reflexion auf das eigene Verhalten der Schüler Muster bereitstellt, die Betroffenheit und intrinsische Motivation hervorrufen können. Der Bereich der Kontinuität der gesellschaftlichen Abhängigkeitsverhältnisse im Bereich von ökonomischem System und Herrschaftsapparat erfordert ein hohes Maß an Abstraktions- und Theoriebereitschaft, verbunden mit entsprechender Frustrationstoleranz beim Lernen, wenn sich Betroffenheit nicht sogleich einstellen will.

Noch eine zweite didaktische Entscheidungshilfe soll gegeben werden. Im Sinne der dargelegten strukturgeschichtlichen Arbeitsweise soll nach den Hinweisen zu den Untersuchungsfeldern eine Zugriffsmöglichkeit auf das, was oben als historisches "Basis-Faktum" in der "Tiefendimension" der Gesellschaft bezeichnet wurde, konkretisiert werden.
Faschismus als gesellschaftliches Verhaltenssystem setzt sich in seiner historischen Form aus einer Vielzahl von Subsystemen zusammen, die als Faktoren für die Konstituierung von Faschismus bestimmend sein können und die historisch-sozialwissenschaftlich beschrieben werden können.
Einige wichtige Orientierungen ohne Rangfolge:

- Rassismus (z.B. Alldeutscher Verband, Antisemitismus, Fremdenfeindlichkeit)
- Volksmythologie (z.B. Germanenkult)
- Militarismus (z.B. Offiziere in der Industrie, "Schule der Nation")
- Obrigkeitsstaat (z.B. "Der Untertan", Thron und Altar, Rechtsstaat vor Demokratie)
- elitäres Denken
- Imperialismus (z.B. "Platz an der Sonne", "Volk ohne Raum")
- Freiheit als Recht des Stärkeren ("Ellenbogengesellschaft")
- Autoritäre Persönlichkeit als gesellschaftliche Norm
- Kulturpessimismus (z.B. Antiintellektualismus)
- Blut und Boden, Brauch und Sitte

...

Ebenso wie die Untersuchungsfelder hängen auch die Faktoren miteinander zusammen. Ihre Trennschärfe ist unterschiedlich, ihr Gewicht für die Konstitution von Faschismus ebenfalls. Ihre Anzahl kann erweitert werden. Didaktisch ist wichtig, daß keiner der Faktoren selbst schon Faschismus ist. Die Schüler sollen erkennen, daß sich Faschismus durch das Zusammenwirken mehrerer Faktoren aufbaut und verdichtet, zugleich sollen sie aber auch erkennen, daß es eine Reihe von Verhaltensdispositionen bzw. -orientierungen gibt, die allein noch nicht, gemeinsam mit anderen jedoch mit großer Wahrscheinlichkeit Faschismus bewirken und daß deshalb solche Orientierungen als faschismusfördernd eingestuft werden müssen. Dies ist nicht nur im Interesse einer sauberen begrifflichen Arbeit der Schüler notwendig sondern auch im Interesse der politischen Verwendbarkeit des Begriffs Faschismus. Es ist weder sachgerecht noch politisch sinnvoll, wenn jede der aufgeführten Orientierungen gleich als Faschismus oder als faschistisch bezeichnet wird.

Eine Verschränkung der Faktoren mit den Untersuchungsfeldern führt zu einem Raster, das eine differenzierte Faschismus-Analyse der Gesellschaft abzubilden vermag:

Faktoren / Untersuchungsfelder	(A)	(B)	(C)	(D)	(E) ...
(1)					
(2)					
(3)					
(4)					
...					

Ein solches Raster dient nicht nur der systematischen Übersicht bei der Sachanalyse des Lehrers. Es kann auch den Schülern verdeutlichen, wo ihre Analyse im Unterricht ansetzt und was alles nicht erfaßt wird. Dies fördert die wissenschaftlich-methodische Sensibilität und läßt die Komplexität des Faschismus deutlich werden. Die Schüler erkennen, daß Faschismus auf mehreren Untersuchungsebenen nachgewiesen werden muß, ehe eine Gesellschaft insgesamt als faschistisch bezeichnet werden kann.

Im Rahmen dieses Beitrags sollen Hinweise zum Faktor "Obrigkeitsstaat" bzw. zum obrigkeitsstaatlichen Denken gegeben werden, bezogen auf das Untersuchungsfeld "Eliten", wobei nur auf die Justiz und den juristisch geprägten Staatapparat eingegangen wird, sowie zur Fremdenfeindlichkeit als Element des Faktors "Rassismus", wobei auf das Untersuchungsfeld "individuelle und kollektive Einstellungen und Verhaltensmuster in der Gesellschaft" Bezug genommen wird.
Im Sinn dieser didaktischen Reduktion sollen nun einige Anregungen gegeben werden, mit den Schülern faschismusfördernde Kontinuitäten zu suchen. Den Überlegungen sind ein paar Signalmaterialien beigegeben, die, wenn der Text auf sie Bezug nimmt, nach laufender Nummer benannt werden. Diese Materialien sind z.T. gekürzt. Im wesentlichen wurden dabei die Stellen weggenommen, die eine Bewertung oder Kommentierung der Information durch den Autor des Materials darstellen, damit - falls Schüler damit arbeiten sollen - das Lernergebnis nicht gleich mitgeliefert wird.

II.

"Besser als die Geschichte der Hitler-Zeit selbst kann deren Vorgeschichte deutlich machen, daß die physische Vernichtung der politischen Linken und der Juden nicht das Werk einzelner Verbrecher, sondern die Verwirklichung einer Gesinnung war, die von breiten Schichten des Bürgertums getragen wurde. Der Nationalsozialismus ist nicht über Nacht gekommen. Er ist auch nicht über Nacht verschwunden."

So die resümierende Feststellung von Heinrich Hannover und Elisabeth Hannover-Drück im Vorwort zu ihrer Studie "Politische Justiz 1918 - 1933" (8). Dieses zuerst 1966 im Fischer-Verlag erschienene Buch sei zur unterrichtlichen Vorbereitung über das Thema dieses Abschnitts besonders empfohlen.

Als auf ein besonders einprägsames Exempel für die im Zitat apostrophierte bürgerliche Gesinnung in der Weimarer Republik wird wohl zurecht immer wieder auf die krasse Ungleichbehandlung von linken und rechten Extremisten bei der Verfolgung und Bestrafung von politischen Verbrechen hingewiesen. Für die Zeit von 1918 - 1921 stellte der Reichstagsabgeordnete Julius Gumbel eine detailliert recherchierte Dokumentation politischer Justiz als Denkschrift für das Reichsjustizministerium zusammen. Seine Ergebnisübersicht (9):

	Politische Morde begangen von Linksstehenden	Politische Morde begangen von Rechtsstehenden
Gesamtzahl der Morde	22	354
- davon ungesühnt	4	326
- teilweise gesühnt	1	27
- gesühnt	17	1
Zahl der Verurteilungen	38	24
- geständige Täter freigesprochen	-	23
- geständige Täter befördert	-	3
Dauer der Einsperrungen je Mord	15 Jahre	4 Monate
Zahl der Hinrichtungen	10	-
Geldstrafe je Mord	-	2 Papiermark

Das Reichsjustizministerium bestätigte dem Abgeordneten zwar die Richtigkeit der Angaben, lehnte aber die Veröffentlichung wegen der "ungeheuren Kosten und der gebotenen Sparsamkeit" ab. (10)

Die Übersicht zeigt deutlich, daß beim größten Teil der Morde von rechts die Prozesse in den Ermittlungen stecken blieben und versandeten. Selbst wenn es möglich wäre, für jeden einzelnen Fall von ungesühntem Mord

---

8) Hamburg 1977, S. 21 (Attica Verlag)

9) Zitiert nach Wolfgang Kleinknecht / Herbert Krieger: Materialien für den Geschichtsunterricht in mittleren Klassen, Bd. V, Die neueste Zeit 1850 - 1945, Frankfurt 1965, S. 187

10) Hannover, a.a.O., S. 19

objektiv Rechtsbeugung durch die Richter oder Staatsanwälte nachzuweisen, kann bei einem derart massenhaftem Auftreten eines solchen Delikts nicht von individuell erklärbarem Verbrechen der Täter in der Robe gesprochen werden. Hier muß nach einer Struktur gefragt werden, die Rechtsbeugung offenbar zum System machte. Der Historiker Karl Dietrich Bracher weist auf eine solche Struktur hin:

> "Die Justizgeschichte jener Jahre, in denen sich die Legalisierung des Unrechts vorbereitete, ist die sich immer wiederholende Geschichte des Irrtums, daß das Recht eine ideale Größe sei, die sich von den gesellschaftlichen Machtverhältnissen und vom politischen Bewußtsein der Juristen trennen lasse. Eine Justiz, die selbst rechts stand, mußte notwendig blind sein gegenüber einer Bedrohung der Republik, die von rechts kam. Und sie hat ihren Beitrag zum Untergang demokratischer Staatlichkeit geleistet." (11)

Die Justiz der Weimarer Republik stand politisch nicht in der Mitte, sie stand rechts - außerhalb. Dies läßt sich erklären. Anders als die Franzosen, die 1870, als sie ihre Monarchie beseitigten, die Unabsetzbarkeit der Richter drei Jahre lang dispensierten, um eine demokratische Justiz zu begründen, boten die Sozialdemokraten als Träger der Revolution von 1918 den wilhelminischen Richtern bei Weiterzahlung der Bezüge ein freiwilliges Ausscheiden aus dem Amt an, falls sie es nicht mit ihrem Gewissen vereinbaren konnten, der Republik zu dienen: 99 % konnten vereinbaren. (12) Und so belastete sich die erste deutsche Demokratie mit einer Justiz und Justiztradition, die gerade noch jede demokratische Regung in der Gesellschaft erbarmungslos verfolgt hatte. Die Sozialdemokraten, die noch wenige Jahre zuvor immer wieder die Klassenjustiz des Kaiserreiches angeprangert hatten, kamen in ihrer idealistischen Gläubigkeit an die Kraft geschriebener Gesetze gar nicht auf die Idee, daß die Ausführung von Gesetzen, d.h. auch ihre Interpretation von politisch sozialisierten Menschen vollzogen wird. Sie hielten die Unabsetzbarkeit der Richter für ein so hohes rechtsstaatliches Gut, daß sie es der Demokratie nicht erlaubten, auch in der Justiz wirksam zu werden. (13)
Daß mit der Blindheit bzw. Einäugigkeit von Justiz und Staatsapparat gegen Verbrechen von rechts ein Strukturproblem vorliegt, kann als Hypothese stehen bleiben. Nun aber strukturgeschichtlich weiter gefragt:

---

11) Die Auflösung der Weimarer Republik, zit. n. Hannover, a.a.O.,S. 300 f.
12) Hannover, a.a.O., S. 22: 1 von 700 ging.
13) Die Unabsetzbarkeit der Richter ist in der Tat ein fundamentales Prinzip des Rechtsstaates. (vgl. dazu bei Eckart Kehr: Zur Genese der preußischen Bürokratie. In: Ders.: Das Primat der Innenpolitik, 1970 (2.Aufl.). Aber Rechtsstaat gibt es durchaus auch ohne Demokratie. Seit Beginn staatlicher Demokratie in Deutschland ist der Begriff des Rechtsstaates immer wieder von führenden Verfassungsjuristen gegen das Demokratiepostulat ins Feld geführt worden. Demokratie beruhend auf dem Prinzip des Mehrheitsentscheids führe zum Totalitarismus, wenn ihr das Rechtsstaatsprinzip nicht vorgeordnet werde. (z.B. Werner Kaegi und Hans Schneider, vgl. dazu grundlegend: F. Ch. Karsch: Demokratie und Gewaltenteilung - Zur Problematik der Verfassungsinterpretation in der BRD, Köln 1973, insbes. S. 23 ff.). Insofern sollte immer genau hingesehen werden, wenn Konservative den Rechtsstaat in Gefahr sehen. Meist haben sie nur Angst vor der Demokratie.

Deutsche Richterzeitung

Zeitschrift der Reichsfachgruppe Richter und Staatsanwälte des Bundes Nationalsozialistischer Deutscher Juristen e. V.

Herausgeber: der Reichsfachgruppenleiter Fritz Kyser, Berlin
Zuschriften ausschließlich an die Geschäftsstelle: Berlin W 35, Tiergartenstr. 20, Tel. B 2 Lützow 8961-8965

27. Jahrgang | Berlin, den 15. Januar 1935 | Heft 1

Kameraden der Rechtsfront!

Wie das Jahr 1933, steht auch das Jahr 1934, das zweite Jahr des Sieges der heldischen Idee des Nationalsozialismus, eingemeißelt in der Geschichte des deutschen Volkes als ein Jahr gewaltigen Aufbaues und mühevoller Kleinarbeit. Auch uns nationalsozialistische Rechtswahrer brachte es einen gewaltigen Schritt unserm großen Ziel näher. Wir haben nicht nur alle deutschen Juristen um die Fahne des Führers gesammelt. Wir durften schon die Fundamente der Gesetzgebung legen, auf der das tausendjährige Rechtsreich des Nationalsozialismus errichtet wird. Die heiligen Werte unserer Altvordern: Rasse, Blut und Boden, Ehr' und Wehr' treten wieder in den Vordergrund all unseres Rechtsdenkens und Rechtswirkens und verdrängen den händlerischen Geist der marxistisch-liberalistischen Verfallzeit endgültig aus unserem Rechtsleben.

Die Jahrhunderte lang ersehnte Rechtseinheit des deutschen Volkes ist in diesen Tagen Wirklichkeit geworden. Der Befehl des Führers, die Justizverwaltungen der deutschen Länder gleichzuschalten, ist erfüllt.

Jn gläubiger Hoffnung gedenken wir heute unserer deutschen Brüder an der Saar. Wir grüßen sie ganz besonders herzlich mit der Versicherung innigster Verbundenheit im Kampfe für ihr Deutschtum und ihr Lebensrecht.

Ich danke Euch, meine lieben Mitkämpfer, für die in diesem Jahr geleistete Arbeit und die so sehr treue Kameradschaft! Ich fordere Euch auf, in Zukunft genau so wie bisher in begeisterter Gefolgschaft zu unserem Führer und seiner großen Aufgabe zu stehen! Blutstarke, unbeugsame Vertreter unseres Nationalsozialismus!

Im Jahre 1935 wird in der alten Reichsgerichtsstadt Leipzig am Tage des Deutschen Rechts (Anfang Oktober) wieder eine mächtige Kundgebung für die nationalsozialistische Rechtsidee stattfinden. Die Bataillone des geeinten deutschen Rechtsstandes werden dort marschieren für die Gemeinschaft unseres unsterblichen deutschen Volkes, sie werden marschieren für das unvergängliche ewige Recht unserer deutschen Nation und für das Blühen und Gedeihen unseres großen heiligen Vaterlandes.

Berlin, den 21. Dezember 1934.

Heil unserm Führer!
Heil Euch Juristenkameraden!

Dr. Hans Frank
Reichsminister

Wo stehen Justiz und juristisch bestimmte Staatsapparate während der NS-Herrschaft? Und wo stehen sie im politischen Gesinnungsspektrum der Bundesrepublik?

Zur ersten Frage schreibt Ralf Dahrendorf:

> "Daß deutsche Richter in der Weimarer Republik in ihren Urteilsbegründungen die Weimarer Verfassung zum Teil offen verhöhnt haben, ist wohlbekannt; dagegen ist nicht bekannt geworden, daß deutsche Richter sich der Verfassungswirklichkeit des Nazi-Regimes gegenüber ähnlich unabhängig gezeigt hätte." (14)

Personell hat es in Justiz und Staatsapparat in der NS-Zeit Veränderungen gegeben, jedoch allein zugunsten rechter Gesinnungen. Demokratie wurde unter Juristen nur selten vermißt, zumal der Rechtsstaat als gesichert galt. Dahrendorf zitiert einen anerkannten Staatsrechtler der Bundesrepublik der 1934 schrieb:

> "... gilt es sich darüber klar zu sein, daß die Rede von der allgemeinen Bindung des Richters an das Gesetz heute etwas anderes besagt als früher (in der Weimarer Republik; d.Verf.) ..., weil durch die heutige Identität des Gesetzgebers mit der Regierung eine autoritäre Führung des Richters gewährleistet ist und ihm einen festen Halt auch im Umkreis seines freien Ermessens gibt. Gerade hierdurch ist die Gewähr dafür gegeben, daß jeder Akt des Führerwillens in Gesetzesform zum Ausdruck kommt und dadurch das im Volk vorhandenen Rechtssicherheitsbedürfnis stillt. Insofern ist auch der nationalsozialistische Staat ein Rechtsstaat ..." (15)

Nach 1945 gab es ebenso wie nach 1918 keine Suspendierung der Unabsetzbarkeit der Richter. Bis 1960 wurden insgesamt 15 Richter und Staatsanwälte gezwungen, ihr Amt wegen Verbrechen während der NS-Zeit niederzulegen. Im selben Jahr vermutete der damalige Generalbundesanwalt Max Güde, daß von den damals 12.000 Richtern 100 nazistisch beeinflußt seien, und Theo Sommer schrieb im selben Jahr in der Zeit:

> "... das sind 100 zuviel! Aber, was machen wir mit diesen hundert? - Nach deutschem Recht kann ein Richter nur verurteilt werden, wenn ihm ein dolus directus, eine vorsätzliche Rechtsbeugung also, nachgewiesen wird. Es muß ihm bewiesen werden, daß er bewußt Unrecht tun wollte. Aber wie geht das? Diese Regel vom dolus directus soll die Unabhängigkeit des Richters schützen, soll ihn vor den Eingriffen und Übergriffen der Obrigkeit bewahren - auch heute. Sie zu verletzen, bedeutet dann nichts anderes als eine erneute Beschädigung des Rechts. Und dies können wir uns nicht leisten. Das hat Nachteile. 'Selbst Roland Freisler, der Präsident des Volksgerichtshoffes müßte nach diesem Grundsatz heute vielleicht freigesprochen werden', sagte unlängst ein angesehener Jurist. Aber es hat auch seine Vorteile: den Vorteil der Rechtssicherheit vor allem, der dem ganzen Volk zugute kommt. - Können wir also gar nichts tun? O doch. Und das wirksamste Mittel wäre: daß sich der deutsche Richterstand selbst reinigt ..." (16)

Was die Justiz im Jahre 1983 von "Selbstreinigung" hält, wo es heute im Hinblick auf NS-Richter und -Staatsanwälte nur noch um Historie geht, mag der Bericht in der Frankfurter Rundschau zeigen (M 1).

---

14) Ralf Dahrendorf: Gesellschaft und Demokratie in Deutschland, München 1966, S. 274
15) zitiert nach Dahrendorf, a.a.O., S. 275
16) Theo Sommer: Die Nazis in unserer Justiz. In: Die Zeit v. 12.2.1960. Zitiert nach Christopher Emmet / Norbert Mühlen: Das verlöschende Hakenkreuz, Frankfurt 1962, S. 57

Eines signalisieren die bisherigen Belege nicht, daß es nämlich seit der Kaiserzeit einen Bruch in der Justiz-Tradition gegeben hat. Dahrendorf geht sogar so weit, - und er bezieht dabei den gesamten Juristenstand ein - zu sagen:

> "Ist der Staat der Tendenz nach demokratisch, dann zögern sie nicht, das Naturrecht zu bemühen, um diesen an seine fehlende Autorität zu gemahnen; ist die staatliche Autorität absolut, dann werden Juristen ihre gehorsamsten Diener. Die politische Haltung vieler Juristen ist also nicht formal autoritär, d.h. eine Haltung des Dienstes an j e d e m Staat, sondern material autoritär, nämlich auf eine bestimmte staatliche Ordnung bezogen. Diese staatliche Ordnung aber ist die des kaiserlichen Deutschland." (17)

Das war 1966. Rudolf Wassermann, Oberlandesgerichtspräsident, der zum 50. Jahrestag der "Machtergreifung" durch ein kleines lesenswertes Buch über die Entwicklung der Justiz nach 1945 an die Öffentlichkeit getreten ist (18), sieht das nicht so scharf, insbesondere seit dem Juristentag von 1968 in Nürnberg sei die Bereitschaft der Juristen, demokratisch reformierte Gesetze loyal auszuführen, gewachsen. An dieser Stelle nun wäre zu untersuchen, ob es Belege gibt, die die Hypothese vom obrigkeitsstaatlichen Denken in Justiz und Staatsapparat für die Bundesrepublik bestätigen können. Natürlich kann dies hier nicht wissenschaftlich abgesichert geleistet werden. Aber eine Anzahl von Ereignissen in den vergangenen Jahren und in jüngster Zeit signalisieren doch, daß sich solche Belege finden lassen. Verwiesen sei nur auf die beabsichtigte Rücknahme der Liberalisierung des Demonstrationsrechts; dort sollen ja bekanntlich wieder kaiserliche Vorstellungen von Landfriedensbruch wirksam werden, und überhaupt soll der Staat in dieser Hinsicht wieder souveräner werden: Staatssouveränität statt Volkssouveränität. Was dies für Folgen haben wird, haben die Ereignisse in Nürnberg vorweggenommen, als wahllos und massenhaft Jugendliche und Kinder gefangengenommen und z.T. wochenlang festgehalten wurden (Affäre KOMM). Inzwischen mußte das Verfahren nicht nur wegen formaler Mängel eingestellt werden. Es gab auch material keine Substanz, die zu einer Verurteilung auch nur eines einzigen der vielen Beklagten ausgereicht hätte.

Hingewiesen sei auf die unverantwortlich fahrlässig vernachlässigte Verfolgung rechtsextremistischer Gewaltverbrecher (vgl. M 4). Hier tun sich deutlich Parallelen zum Fall der systematischen Rechtsbeugung in der Weimarer Zeit auf. Selbst der Bundesjustizminister bestätigt sich und seinen Länderkollegen, daß die Verfolgung rechtsextremistischer Umtriebe Lücken aufweist (M 2). Die Erhebung der HIAG in den Stand einer salonfähigen Vereinigung durch den Bundesinnenminister paßt hier her (M 3).

---

17) Dahrendorf, a.a.O., S. 274 (Hervorhebung d. Verf.)

18) Rudolf Wassermann: "Ist Bonn Weimar?" Zur Entwicklung der Justiz nach 1945, Neuwied 1982

„Mein Mandant erfüllt die wichtigste Voraussetzung für einen Polizeibeamten: Er ist mit hundertprozentiger Sicherheit kein Kommunist"

aus: DER SPIEGEL

Bekanntmachung

Betr.: Radikalenerlaß

Die Bevölkerung wird noch einmal darauf hingewiesen, daß die ehem. Mitgliedschaft in NSDAP, SA, SD, SS und im NS- Rechtswahrerbund einer Beschäftigung im öffentlichen Dienst nicht entgegensteht.

Der Landesbeauftragte für
das Gesinnungswesen.

PDI/KONKRET · 8 München 2 · Münzstraße 3

Deutlich wird das obrigkeitsstaatliche Denken auch, wenn man die Einstellungspraxis für Beamte insbesondere in konservativ regierten Bundesländern sieht. Stellvertretend für die Vielzahl von Fällen mögen hier die erzwungene Verbeamtung des SPD-Mitgliedes Erich Kretzer in Bayern (M 5) und die Beförderung des NPD-Mitgliedes Uwe Rheingans zum Studiendirektor und stellvertetenden Schulleiter in Schleswig-Holstein (M 6) sein. Im Fall des bayrischen Lehrers scheint es nur so, als habe die Justiz hier eine demokratisch loyale Rolle gespielt. Immerhin ließen sich die Gerichte fünf Jahre Zeit, bis sie die Unrechtmäßigkeit der Nicht-Verbeamtung Kretzers endgültig feststellten. Signifikant ungesetzlich verhielt sich der bayrische Staat, der Kretzer trotz mehrerer Urteile, die zu des Lehrers Gunsten lauteten, nicht zu seinem Recht kommen ließ. Daß dies kein Einzelfall ist, zeigen weitere Fälle. So konnte in Nürnberg ein Lehrer, ebenfalls engagierter Sozialdemokrat, sich in erster Instanz die Verbeamtung erkämpfen. Aber auch bei ihm signalisiert die bayrische Staatsbürokratie, sie wolle durch die Instanzen gehen. "Nutzloser Sieg", schreibt die Süddeutsche Zeitung. In Bayern "gilt die sture Ignoranz immer noch als besonders konsequente Form der Politik" (19). Ignoranz? Hier wird doch eher um ein weiteres Mal Dahrendorfs These bestätigt und deutlich, daß die Hüter und Verwalter des Rechtswesens an der Betonierung ihrer obrigkeitsstaatlichen Tradition weiterarbeiten: Um die Kontinuität autoritärer Staatspraxis zu sichern, werden in Bayern jetzt sogar Sozialdemokraten am Eintritt in die Beamtenschaft gehindert. Aber auch in Baden-Württemberg ist der Kultusminister der Meinung, daß Kriegsdienstverweigerer nicht nur nicht in die Schulen dürfen, sondern daß auch Lehrer, die verweigert haben, eigentlich die Tätigkeit als Lehrer niederlegen müßten. (20) Demgegenüber erhalten im CDU-regierten Kiel Mitglieder der rechtsextremistischen NPD Ämter und Beförderungsstellen (M 6).
Zusammengesehen wird hier erkennbar, daß das Personal des Staatsapparates zumindest in konservativ regierten Ländern nach wie vor politisch keineswegs in der Mitte unserer Demokratie steht. Die Hypothese der politischen Einäugigkeit zu Lasten von Demokraten und zugunsten von Gegnern der Demokratie von rechts in der Bundesrepublik im Vergleich zu Weimar scheint, - sicher in abgeschwächter Form, aber deutlich - Bestätigung zu finden.
Es wäre nun politisch und politik-didaktisch nicht zulässig, wenn die Schüler Weimar und die Bundesrepublik gleichsetzten. Sie sollten vielmehr erkennen, daß obgleich heute vieles anders ist und die Widersprüche in der Gesellschaft weniger ausgeprägt erscheinen, unter dem Gesichtspunkt obrigkeitsstaatlicher Orientierung strukturell dennoch historisches Potential vorhanden ist, welches, wenn es zu einem Zusammenwirken kommen sollte mit weiteren Faktoren, Kräfte mobilisieren könnte, die Weimar doch noch wiederholbar machen.

---

19) Süddeutsche Zeitung v. 10.8.1983
20) Peter Henken: Kriegsdienstverweigerer dürfen in der Schule nicht mitreden. In: Frankfurter Rundschau v. 23.7.1983

III.

"... wohl aber von Hitlers Denken" (21) ist etwas übrig geblieben. Kehren wir zur eingangs zitierten Einschätzung von Walter Jens zurück. Wenn rassistisches Denken und Verhalten ein wichtiger Faktor des historischen Faschismus ist, muß eine strukturgeschichtliche Faschismusanalyse nach Belegen suchen, welche die Kontinuität einer solchen Orientierung deutlich machen. Vom rigiden Antisemitismus der Nationalsozialisten sei nichts mehr geblieben, meint Jens. Aber "wir haben neue Juden im Lande. Das sind die Asylanten, die Türken, die preisgegebenen Minoritäten." (22) Das ist eine Hypothese. Läßt sie sich halten? "Die Türken sind heute die Juden von früher." Das klingt plausibel und wird auch häufig gesagt. Ein kritischer sozialwissenschaftlich orientierter Geschichtsunterricht bzw. ein historisch abgesicherter Unterricht der Sozialwissenschaften wird diese Gleichsetzung prüfen, ehe er damit arbeitet. Schließlich gibt es ja auch die Auffassung, die heute festzustellende Ausländerfeindlichkeit sei eigentlich keine Feindlichkeit sondern eher Ablehnung einer rückständigen Bevölkerungsgruppe aus Angst, diese Gruppe könne den gesellschaftlichen Fortschritt in Deutschland stören. So die Meinung eines Journalisten im Rundfunk (23): Die Deutschen störe es sehr, daß die türkischen Frauen in ihrem Verhältnis zu den türkischen Männern so wenig emanzipiert seien. Andere behaupten, es sei lediglich die Angst um den Arbeitsplatz jetzt in der Rezession, und es habe nichts mit dem Antisemitismus früherer Zeiten zu tun, wenn die Parole "Ausländer raus" so manche Hauswand "ziert".
Um hier einen wissenschaftlich tragfähigen Vergleich durchzuführen, bedarf es einer Zerlegung des Antisemitismus vor 1945 in seine Hauptelemente. Dabei ist vor allem wichtig, die Motivstruktur zu untersuchen.
Was hatte man gegen die Juden?
Eine solche Untersuchung kann hier nicht geleistet werden, sie ist auch schon in einer Vielzahl von Publikationen greifbar. Auch Schulbücher liefern Material.
Nur auf drei zentrale Motivkomplexe, die miteinander zusammenhängen sei hingewiesen, weil die Bezugnahme auf sie den angestrebten Vergleich erleichtert:

(1) Die nicht-jüdische deutsche Gesellschaft brauchte einen Sündenbock für die Erklärung der ökonomischen und gesellschaftlichen Krisen sowie für die außenpolitischen Niederlagen.

(2) In einer Gesellschaft, in welcher es die ökonomischen Verhältnisse mit sich bringen, daß große Teile der Bevölkerung davon ausgeschlossen sind, durch gesellschaftliche Leistung sich den Mitmenschen gegenüber zu bewähren (Arbeitslosigkeit, Armut, soziale Ungleichheit), und dadurch daran gehindert werden, ein positives Selbstwertgefühl zu

---
21) Walter Jens, a.a.O., S. 63
22) Ebenda
23) WDR II: Ansichtssachen am 31.8.1983

entwickeln, übernahmen die Juden die Rolle einer "von Natur aus minderwertigen" Menschengruppe. Menschen sollten sie zwar sein, um des Vergleichs willen - aber minderwertige Menschen, um den eigenen Wert vom Ende der Skala etwas nach oben zu heben.

(3) Schließlich gab es den Juden gegenüber eine besondere Form des kollektiven Eigentumsdenkens. Der Eigentumsbegriff ist in der deutschen Geschichte nie von seinem Bezug zu Grund und Boden abgetrennt worden. Eigentum an diesem Gut hat bis heute den höchsten Wert in unserer Gesellschaft. Die Juden, die ja bis in die Neuzeit die einzige größere Bevölkerungsgruppe waren, die es wagte, sich der christlichen Religion in deren Herrschaftsbereich durch Aufrechterhaltung der eigenen Religion zu widersetzen, wurden als Fremde angesehen, als Feinde der Christenheit im Land der Christenheit, sprich auf dem Grund und Boden der Christen. Unvorstellbar war es im Mittelalter, daß Juden hätten Ackerland kaufen können. Der Boden gehörte der Christenheit. Die Bodenideologie hat unter den Nationalsozialisten ihre höchste Verdichtung erfahren. Deutscher Boden gehörte den Deutschen und sonst niemandem. Die Juden, die ihre Geschäfte auf diesem Boden trieben, nahmen sich damit etwas vom wertvollsten, das den Deutschen gehörte, das böseste, was man tun konnte.

Es gibt eine Vielzahl weiterer Motivkomplexe für den Antisemitismus bis 1945. Geht man von diesen drei Komplexen aus, wird sehr rasch deutlich, daß die Haltung vieler Deutscher gegenüber den Türken in allen drei Bereichen abgebildet werden kann. Die diesem Beitrag beigefügten Materialien mögen dies andeuten.

IV.

Schlußbemerkung

Die Frage nach der Kontinuität der strukturellen Voraussetzungen von Faschismus ist ohne umfangreiche sozialwissenschaftliche und historische Analyse nicht zu beantworten. Nur ihre Beantwortung jedoch - und zwar ihre qualifizierte inhaltliche Beantwortung kann dazu beitragen, dem Faschismus in jeder Form systematisch politisch entgegenzutreten. Eine phänomenologische Betrachtung rechtsextremistischer Umtriebe ist gewiß eine notwendige Aufgabe, aber sie greift viel zu kurz, schon allein weil die Quantitäten dieses sichtbaren Faschismus-Potentials zu keiner relevanten Gegenwehr der Demokraten führen kann. Den latenten Faschismus, seine latent existierenden Voraussetzungen gilt es zu identifizieren.

Nazi-Justiz nach 37 Jahren kein Thema für deutsche Richter

Für 1983 vorgesehene Tagung der Deutschen Richterakademie abgesagt / Sparen als Grund / Juristen in der ÖTV protestieren

Von unserem Korrespondenten Eckart Spoo

HANNOVER, 18. Juli. Eine für das Jahr 1983 vorgesehene Tagung der Deutschen Richterakademie in Trier, die sich erstmals mit dem Thema Nazi-Justiz beschäftigen sollte, ist abgesagt worden. Das Land Niedersachsen, das sich im vergangenen Jahr bereit erklärt hatte, die Tagung auszurichten, teilte auf der letzten Sitzung der Programmkommission der Deutschen Richterakademie mit, es sei nicht möglich, dieses Vorhaben zu realisieren.

Der Bundesvorstand der Fachgruppe Richter und Staatsanwälte in der Gewerkschaft Öffentliche Dienste, Transport und Verkehr (ÖTV) erklärte dazu am Wochenende: „37 Jahre nach dem Ende der nationalsozialistischen Gewaltherrschaft wäre es an der Zeit, wenn Richter und Staatsanwälte ihre damalige Rolle und das Thema NS-Justiz aufarbeiten würden." Nach der Absage der geplanten Tagung sei nun zu befürchten, daß das Thema „auch weiterhin totgeschwiegen wird".

Der Protest der gewerkschaftlich organisierten Juristen richtet sich nicht allein gegen das Land Niedersachsen. Unmittelbar nach der Sitzung der Programmkommission appellierte der ÖTV-Hauptvorstand an alle Landesjustizverwaltungen, sich dafür einzusetzen, daß doch spätestens 1983 eine solche Tagung stattfinden könne, nachdem das Thema Nazi-Justiz während des zehnjährigen Bestehens der Deutschen Richterakademie bisher nie auf dem Programm gestanden hat.

Über die nun vorliegenden Antworten ist die Gewerkschaft vor allem deswegen enttäuscht, weil auch Länder wie Hamburg und Hessen keine Bereitschaft zu der geforderten Initiative zeigten. Die Hamburger Justizbehörde schrieb: „Im Hinblick auf die zu erwartende Öffentlichkeit einer solchen Veranstaltung bedarf ihre Durchführung einer besonders sorgfältigen inhaltlichen und organisatorischen Vorbereitung. Deshalb wird um Verständnis dafür gebeten, daß dieses Thema noch nicht in das Programm 1983 aufgenommen werden konnte." Ähnlich meinte der hessische Justizminister: „Die planerischen Schwierigkeiten, die eine Veranstaltung zu diesem Thema mit sich bringt, dürfen nicht unterschätzt werden."

Auf Anfrage nannte der Staatssekretär des niedersächsischen Justizministeriums, Hans Friedrich Rehwinkel, vier Gründe, warum die Tagung vorerst nicht stattfinden könne. Erstens: Infolge von Sparmaßnahmen seien die Mittel für die Juristenfortbildung knapper geworden. Zweitens: Richter und Staatsanwälte seien überlastet, deswegen könne man sie jetzt nicht zu langen Fortbildungsveranstaltungen aus ihrer Arbeit herausziehen. Drittens stelle sich hier „nicht nur eine Kostenfrage, sondern auch eine Prioritätenfrage", denn es gebe andere wichtige Themen, die in der Fortbildung berücksichtigt werden müßten, zum Beispiel der Umgang mit Sachverständigen, die Zeugenvernehmung oder der Ablauf der Hauptverhandlung. Viertens: Bei eigenen Kurzseminaren zum Thema Nazi-Justiz wolle das Land Niedersachsen erst noch weitere Erfahrungen sammeln, bevor es auf Bundesebene eine große Tagung ausrichte. Ohnehin habe Niedersachsen in der Programmkommission nie eine feste Zusage für 1983 gegeben.

Der Bundesvorstand der Fachgruppe Richter und Staatsanwälte in der Gewerkschaft ÖTV erklärte am Wochenende, das Verhalten der Justiz im wohl schlimmsten Unrechtssystem der Weltgeschichte sei eines der wichtigsten Themen für die Fortbildung der Richter und Staatsanwälte. Jetzt müsse endlich aufgearbeitet werden, aus welchen Ursachen es zu dem Versagen der Justiz in der Zeit von 1933 bis 1945 oder auch schon den Jahren davor habe kommen können. Die Behandlung dieses Themas erscheine besonders dringlich, weil die Möglichkeit einer Wiederholung auch davon abhänge, ob sich an den Strukturen der Justiz und der Juristenausbildung seit 1945 im Kern etwas geändert habe.

Frankfurter Rundschau v. 19.7.1982

Verfolgung von Nazi-Aktivitäten weist offenbar Lücken auf

Informationsaustausch der Staatsanwaltschaften hat Mängel / Strafrahmen nur in seltenen Fällen voll ausgeschöpft

Von unserem Korrespondenten Volkmar Hoffmann

BONN, 8. September. Auf die Gefahr lückenhafter Strafverfolgung und ungleicher Rechtsanwendung bei Staatsschutzverfahren im Zusammenhang mit rechtsextremistischen Aktivitäten hat das Bundesjustizministerium in einer Untersuchung entsprechender Vorgänge hingewiesen. Die Staatsanwaltschaften der einzelnen Bundesländer, aber auch das Bundeskriminalamt unterrichten sich offensichtlich nur lückenhaft über die Strafverfolgungspraxis und anhängige Verfahren, bemängelte das Bundesjustizministerium. Bei der jetzt abgeschlossenen Untersuchung geht es um die Auswertung von Erfahrungsberichten bei der Verfolgung von Straftaten nach den Paragraphen 86 (Verbreiten von Propaganda verfassungswidriger Organisationen) und 86a (Verwenden von Kennzeichen verfassungswidriger Organisationen) des Strafgesetzbuches.

Anlaß der Untersuchung ist die seit Monaten steigende Flut von Nazi-Propagandamaterial, das teils als Schallplatten, als kriegsverherrlichenden Schriften, als Hakenkreuz-Abzeichen und Spielzeug mit NS-Symbolen massenweise auf den Markt gebracht wird. Im Bundestag hatten insbesonders die SPD-Politiker Herbert Wehner und Olaf Schwencke angeregt, gegebenenfalls gesetzgeberische Maßnahmen gegen diese Entwicklung zu prüfen.

Nach Mitteilung des Bundesjustizministerium ergab eine Anfrage bei den Landesjustizverwaltungen, daß in der Zeit vom 1. Januar 1975 bis 31. Juli 1978 insgesamt 750 Straf- und Ermittlungsverfahren nach den Paragraphen 86 und 86 a anhängig waren. Obwohl sich der Strafrahmen für beide Paragraphen zwischen Geldstrafe und Freiheitsstrafe bis zu drei Jahren bewegt, wurden in den mehr als dreieinhalb Jahren insgesamt nur in 16 Fällen von den Gerichten Freiheitsstrafen verhängt. Lediglich in zwei Fällen (je einmal 15 Monate beziehungsweise sechs Wochen) mußten die Verurteilten die Strafe verbüßen. In den übrigen 14 Fällen (die rteile lagen zwi-U schen vier und neun Monaten Freiheitsstrafen) wurde die Vollstreckung zur Bewährung ausgesetzt.

Ein eindeutiges Bild läßt sich nach der Untersuchung des Bundesjustizministeriums nicht gewinnen, da die Bundesländer „nicht alle verfahrensabschließenden Entscheidungen mitgeteilt" hätten, sondern in der Regel nur solche Vorgänge, die ihnen bemerkenswert erschienen, heißt es kritisch in dem Bericht. Aus dem gemeldeten Zahlenmaterial ergibt sich, daß neben den 16 Freiheitsstrafen noch Verurteilungen in 38 Fällen zu Geldstrafen zwischen 125 Mark bis zu 5400 Mark erfogten. In 142 Fällen seien die Verfahren wegen Verdachts strafbarer NS-Aktivitäten eingestellt worden.

Nach Ansicht des Bundesjustizministeriums dürfte die tatsächliche Zahl der entsprechenden Vorgänge „weit über 800 Verfahren liegen", heißt es in dem ministeriellen Bericht. Zu dieser Vermutung müsse man kommen, nachdem „schon Unklarheit über die Gesamtzahl der eingeleiteten Ermittlungs- und Strafverfahren" bestehe. Die Dunkelziffer müsse in diesem Straftatsbereich „als hoch angesetzt werden".

Selbst aus den unvollständigen Unterlagen der Länder ergibt sich für den Zeitraum 1975 bis 1978 „insgesamt eine steigende Tendenz der Verfahren". Während für 1975 insgesamt 131 Verfahren wegen Verbreitung verfassungswidriger NS-Propagandamittel und NS-Embleme gemeldet wurden, stieg die Zahl 1976 auf 233 und 1977 auf 395 Verfahren an. Die Zahlen für allein diese drei Jahre ergeben 759 Verfahren insgesamt und basieren auf einer Dokumentation des Bundeskriminalamtes. Dieser Aufwärtstrend setzt sich erkennbar für das Jahr 1978 fort", heißt es in dem Bericht des Bundesjustizministeriums. Falls sie Zahlen der Verfahren des Bundeskriminalamtes zutreffend sind, muß allein für 1978 mit zirka 450 bis 500 weiteren Verfahren wegen NS-Aktivitäten gerechnet werden.

In einer Bilanz der Untersuchung stellt das Bundesjustizministerium fest, die Rechtslage der betreffenden Straftatsbestände könne nicht als ergänzungs- oder änderungsbedürftig angesehen werden. Organisatorische Maßnahmen, die eine Intensivierung der Ermittlungen, die gleichmäßige Rechtsanwendung und der notwendigen Informationsaustausch zwischen Strafverfolgungsbehörden untereinander, Polizeibehörden und Verfassungsschutzbehörden in diesem Bereich zum Ziele hätten, seien bereits veranlaßt.

Frankfurter Rundschau v. 9.9.1978

Bericht des Verfassungsschutzes

HIAG gilt nicht mehr als „extremistisch"

Bonn. (E. H.) Der Bundesvorstand des Bundesverbandes der Soldaten der ehemaligen Waffen-SS (HIAG) wird vom Bundesinnenministerium nicht länger als „rechtsextremistische Gruppe" im Verfassungsschutzbericht erwähnt. Das Ministerium bestätigte gestern eine entsprechende schriftliche Stellungnahme des Parlamentarischen Staatssekretärs Spranger (CSU). Zur Begründung wurde darauf verwiesen, frühere Anhaltspunkte dafür seien entfallen. Man wolle nicht riskieren, im Falle einer HIAG-Klage zu unterliegen. Die Frage, ob die HIAG vom Bundesinnenminister weiter als rechtsextremistisch angesehen werde, wollte sein Sprecher „weder mit ja noch mit nein" beantworten.

Der SPD-Fraktionsvize Emmerlich sprach von einem „Persilschein" und von einer „Erschwerung des Kampfes gegen den Rechtsextremismus".

Siehe Kommentar

Westfälische Rundschau v. 25.8.1983

Behörde: Neonazis suchen Anhang unter Fußballfans

WR-Nachrichtendienste

Hamburg. Der im November 1982 mit verschiedenen Auflagen aus der Haft entlassene Neonazi Michael Kühnen sucht nach Auskunft der Hamburger Innenbehörde zur Zeit verstärkten Kontakt zu Mitgliedern von Fußball-Fanclubs und der Gruppe „Skin-Heads", um neue Anhänger für seine rechtsradikalen Ziele zu finden. Dem Verfassungsschutz lag ein „Informationsbrief zur Lage der Nation" vor, in dem Kühnen seine Anhänger auffordert, bundesweit unter Skinheads und Fußballfans aktiv zu werden.

Nach Darstellung des Magazins „Stern" in seiner neuesten Ausgabe sind Fanclubs in Hamburg, Hannover, Berlin, Frankfurt, Dortmund und Karlsruhe „bereits nach rechts abgedriftet".

Westfälische Rundschau v. 1.9.1983

»Ich schieße nur auf Türken«

Ein 26jähriger Neo-Nazi ermordete in Nürnberg drei Ausländer. Die Polizei wußte seit langem, daß er gefährlich war und Waffen besaß

Helmut Oxner gab sich bußfertig. „Das ist eine Sauerei von mir gewesen", gestand er vor dem Nürnberger Richter Gert Breitinger. Und dafür wollte er „auch gern Schmerzensgeld an die Beleidigten zahlen". Beleidigt hatte der 26jährige Dachdeckergeselle Juden, Ausländer und Homosexuelle. Per Telefon beschimpften er und sein Freund, der Fernmeldetechniker Rudolf Rother, 29, Bürger am Telefon als „dreckige Judenschweine", „Kameltreiber" oder „Hurensäue" und drohten ihnen: „Die Gaskammer ist schon offen" – „Auschwitz produziert weiter."

Rudolf Rother wurde zu 15 Monaten ohne Bewährung verurteilt. Helmut Oxners Verfahren wurde ausgesetzt, weil weitere Zeugen vernommen werden sollten. Richter Breitinger ließ ihn bis dahin frei.

Das war am Mittwoch vergangener Woche um 15 Uhr. Wenig später, am Donnerstagabend gegen 23 Uhr, taucht Helmut Oxner in der Discothek „Twenty Five" in der Nürnberger Königstraße auf.

„Zwölf Mark Eintritt", verlangt der Türsteher Dave. Oxner geht vorbei, als habe er nichts gehört. Doch plötzlich dreht er sich um, faßt in seine Umhängetasche, zieht einen Smith & Wesson-Revolver heraus und feuert mehrfach auf den Türsteher. Der kann noch in Deckung gehen. Ein Projektil trifft den farbigen Amerikaner William Schenck, der an der Kasse steht. Am Kopf getroffen bricht er zusammen und stirbt.

Der Mörder läuft mit gezogener Waffe in die Diskothek. Die etwa 30 Gäste haben von der Schießerei nichts bemerkt, weil laute Raggae-Rhythmen durch das Lokal dröhnen. Oxner feuert wild auf die Tanzfläche und zielt dann auf den farbigen Amerikaner Rufus Surles, der mit seiner koreanischen Freundin Ae Young Young an einem Tisch sitzt. Der Amerikaner wird tödlich getroffen, seine Freundin schwer verletzt. Der türkische Kellner Ali Kaygusuz wirft sich dem um sich schießenden Dachdecker entgegen und schlägt ihm den Revolver aus der Hand. Dabei trifft ihn eine Kugel in den Kehlkopf.

Oxner zieht zwei weitere Waffen aus seiner Umhängetasche: eine alte Wehrmachtspistole Typ 08 und eine Walther PPK Kaliber 7.65. Dann rennt er aus dem Kellerlokal in Richtung Nürnberger Fußgängerzone. Einem Passanten ruft er zu: „Es lebe der Nationalsozialismus." Drei Polizeibeamte in Zivil, die ihm entgegenkommen und ängstlich Schutz suchen, beruhigt er: „Sie brauchen nicht in Deckung zu gehen, ich schieße nur auf Türken."

(Er erschießt noch einen Ägypter und tötet sich dann selbst. Oxner war kein unbeschriebenes Blatt. Bereits im Zusammenhang mit dem Mord an dem jüdischen Verleger Levin und dessen Lebensgefährtin war gegen ihn ermittelt worden.)

Kurz nach diesem Doppelmord war die Kripo auch bei Oxner zur Hausdurchsuchung gewesen. Im Einfamilienhaus seiner Eltern in Nürnberg-Röthenbach fand die Polizei damals, am 3. Februar 1981, neben NS-Propagandamaterial einen Karabiner, den Smith & Wesson-Revolver sowie eine waffenscheinfreie Schreckschußpistole. Für Karabiner und Revolver zeigte Oxner Waffenbesitzkarten vor, die das Nürnberger Amt für öffentliche Ordnung am 17. Oktober 1978 und am 14. Dezember 1979 ausgestellt hatte. Der Rechtsradikale hatte sich dort als Mitglied des Schützenvereins „SV Rangierbahnhof" ausgewiesen. Die Polizei fand auch eine brisante Liste bei Oxner: 54 Namen und Adressen von Leuten, die „terrorisiert" werden sollten.

Dennoch durfte Oxner seine Waffen auch nach der Hausdurchsuchung behalten – obwohl die Polizei schon Mitte des Jahres 1980 gegen den Rechtsextremisten ermittelt hatte. Damals hatte Oxner Papierkörbe und öffentliche Gebäude mit Hakenkreuzen und Nazi-Parolen beschmiert. Im selben Jahr mußte er vor einem Nürnberger Gericht erscheinen, weil er beim Verteilen rechtsradikaler Flugblätter einen Passanten beschimpft hatte. Der Strafantrag wurde später zurückgezogen.

Trotz alledem ist Oxner für den Nürnberger Polizeipräsidenten Helmut Kraus noch heute „ein junger Mann, bei dem keine Bereitschaft zur Gewalt erkennbar war". Außerdem sei das Einziehen von Waffenscheinen Sache des städtischen Ordnungsamtes. Dessen Leiter Helmut Ritzer wiederum schiebt die Schuld auf die Nürnberger Staatsanwaltschaft. Man habe Akten über Oxner angefordert, die seien aber nie angekommen. Ritzer: „Die Angelegenheit lag zur Wiedervorlage beim Sachbearbeiter."

Auch Oxners Kontakte zu mehreren rechtsradikalen Gruppen waren der Nürnberger Polizei seit mindestens zwei Jahren bekannt. Mit den „Jungen Nationaldemokraten", der Jugendorganisation der NPD, traf sich der 26jährige regelmäßig im Hinterzimmer vom „Bäckerhof", einem Lokal, das direkt gegenüber vom Polizeipräsidium liegt.

Der bayrische Innenminister Gerold Tandler ließ erklären: „Staatsanwaltschaft und Sicherheitsbehörden werden alles tun, um die Tat und ihre Hintergründe umfassend aufzuklären." Für Nürnbergs Polizeipräsident Kraus gibt es offenbar nicht mehr viel zu ermitteln. Schon einen Tag nach dem Blutbad in der Innenstadt erklärte er: „Es spricht alles dafür, daß der Täter ein Einzeltäter war."

Brigitte Zander/
Till Schönemann

aus: STERN 27/7.1.1982

M 5

Lehrer erstreitet Beamtenstatus

Freistaat unterliegt in letzter Instanz gegen SPD-Mitglied

MÜNCHEN (dpa) – Das Land Bayern muß den 33jährigen Realschullehrer Erich Kretzer aus Feuchtwangen ins Beamtenverhältnis übernehmen. Dies entschied jetzt in letzter Instanz das Bundesverwaltungsgericht in Berlin. Es bestätigte damit ein Urteil des Bayerischen Verwaltungsgerichtshofes, gegen das der Freistaat Revision eingelegt hatte. ...

Das Kultusministerium hatte 1976 den Antrag des angehenden Lehrers Kretzer für Chemie und Physik an Realschulen auf Zulassung zum Vorbereitungsdienst abgelehnt. Das Ministerium begründete seine Zweifel an der Verfassungstreue des Lehrers unter anderem damit, daß Kretzer als Student und Mitglied des „Sozialdemokratischen (später Soziallistischen) Hochschulbunds" (SHB) viermal bei Gremienwahlen kandidiert habe. Daraufhin ließ ihn das Verwaltungsgericht Ansbach mit einer einstweiligen Anordnung in den Vorbereitungsdienst aufnehmen. 1978 nur im Angestelltenverhältnis an einer staatlichen Realschule tätig, lehnte das Ministerium dann ebenfalls eine Übernahme des Lehrers in das Beamtenverhältnis auf Probe ab.

In der schriftlichen Urteilsbegründung nach einem Prozeßtermin ohne mündliche Verhandlung am 9. Juni führt nun das Berliner Bundesverwaltungsgericht aus, nicht die SHB-Mitgliedschaft sei maßgeblich, sondern das Verhalten Kretzers im Vorbereitungsdienst, das von den zuständigen Stellen durchweg positiv beurteilt worden sei. Bei seinen studentischen Aktivitäten habe es sich um ein Verhalten gehandelt, das in die Ausbildungs- und Studienzeit eines jungen Menschen falle und das der Dienstherr nicht überbewerten dürfe...

Das Kultusministerium zeigte sich überrascht von dem Urteil.

Süddeutsche Zeitung v. 12.8.1983

M 6

Streit wegen NPD-Mitglied

SPD empört über Beförderung zum stellvertretenden Schulleiter

ll KIEL, 12. Januar. Die Beförderung des früheren Fraktionsvorsitzenden der rechtsradikalen NPD im Schleswig-Holsteinischen Landtag, Uwe Rheingans, zum stellvertretenden Leiter des Gymnasiums in Neustadt (Ostsee) hat zu einer heftigen Kontroverse zwischen der oppositionellen SPD und der CDU-geführten Landesregierung geführt. Rheingans, Mitbegründer der NPD, hatte dem Landtag von 1967 bis 1971 angehört und war außerdem damals Studienrat für Biologie, Erdkunde und Chemie. Kürzlich wurde er zum Studiendirektor und jetzt zum stellvertretenden Gymnasialschulleiter befördert. Als NPD-Abgeordneter rief er durch seine rechtsradikalen Reden erhebliches Aufsehen hervor. Rheingans ist auch heute noch Mitglied der NPD. ...

Minister Braun erklärte dazu, die Ernennung von Rheingans sei „erst nach sorgfältiger Prüfung erfolgt", die ergeben habe, daß in den letzten Jahren „keine Tatsachen aus dem dienstlichen Bereich und auch keine politischen Aktivitäten bekannt geworden sind, die konkrete Zweifel an der Bereitschaft von Rheingans begründen, sich jederzeit für die freiheitlich demokratische Grundordnung einzusetzen". Die Beförderung von Rheingans sei nach Abstimmung mit dem örtlichen Personalrat und auf Wunsch des Schulleiters in Neustadt erfolgt.

Frankfurter Rundschau v. 13.1.1976

Antisemiten-Katechismus.

Eine Zusammenstellung
des wichtigsten Materials zum

Verständniß der Judenfrage.

Von

Thomas Frey.

Vierte unveränderte Auflage.

Leipzig.
Verlag von Theod. Fritsch.
1887.

„Auch in der alten Welt war das Judenthum ein wirksames Ferment des Kosmopolitismus und der nationalen Decomposition."

Prof. Theod. Mommsen.

* * *

„Wenn die Wiederherstellung eines ausschließlichen Judenreichs auch möglich wäre, so würden die vermöge des Fluches nun einmal in der Welt zerstreut Lebenden von dem so bequem und üppig unter ihnen ausgestreckten Christen-Leibe, an dem sie sich als Blutegel dick und rund saugen, schwerlich wieder auf den dürren Felsen ihrer Heimath zurückkehren wollen."

Wolfgang Menzel.

* * *

„Der Teufel wollte einen Mörder schaffen
Und nahm dazu den Stoff von manchem Thiere;
Wolf, Fuchs und Schakal gaben her das Ihre,
Nur eins vergaß der Ehrenmann: den Muth.
Da drückt er ihm die Nase ein voll Wuth
Und rief: „Lump, werd' ein Jud' und recensire!"

Grillparzer.

* * *

„Der Jude ist der plastische Dämon des Verfalls der Menschheit". — „Der Jude, der bekanntlich einen Gott ganz für sich hat, fällt uns im gemeinen Leben zunächst durch seine äußere Erscheinung auf, die gleichwohl, welcher europäischen Nationalität wir angehören, etwas dieser Nationalität unangenehm Fremdartiges hat: wir wünschen unwillkürlich mit einem so aussehenden Menschen nichts gemein zu haben." —

„Wir können uns auf der Bühne keinen modernen oder antiken Charakter, sei es ein Held oder ein Liebender, von einem Juden dargestellt denken, ohne unwillkürlich das bis zur Lächerlichkeit Ungeeignete einer solchen Darstellung zu empfinden."

Richard Wagner.

* * *

„Dann gibt es aber Kleinholz“

Aus Briefen an die Innenminister Baum und Gries

Wieso ist die BRD verpflichtet, all den Dreck auf Kosten der deutschen Steuerzahler zu ernähren und obendrein zu bezahlen? Den Scheiß-Juden kriecht man heute noch in den Arsch, ebenso den Gastarbeitern und den Asylanten und Zigeunern. Wie in anderen Ländern soll man den Weibern die Gebärmutter rausnehmen oder die Männer kastrieren, denn sie sind wie Wanzen und Ratten und vermehren sich ebenso.

*

Das Volk ist in Wut, glauben Sie es mir. Treibt es nicht auf die Spitze. Es geht einfach nicht mehr. Ich werde in Zukunft nicht mehr schweigen. Hoffentlich drehe ich nicht eines Tages durch, dann gibt es in Bonn aber Kleinholz.

*

Jage die Kanaken fort; denn das ist Ungeziefer wie die Heuschrekken, sie fressen alles kahl und hauen dann erst ab.

*

Der von deutschen Eltern gezeugte Deutsche wird sich wehren, wenn man ihm sein Elternerbe schmälert! Wir müssen uns vermehren und Widerstand leisten bis hin zur Ausrottung des Fremden! Das sind wir unserem auf Dauer gerichteten Daseinszweck schuldig.

*

Wenn das so weitergeht, haben wir nur noch Gesindel und Abschaum der Erde in unserem Lande. Es wird höchste Zeit, daß da ein Strich gemacht wird, bevor dem deutschen Volk die Galle überläuft. Restdeutschland darf kein Tummelplatz für Weltrevolutionäre werden.

*

Ihr Schweinehunde gehört ja mit Schimpf und Schande davongejagt! Wer Euch noch wählt, hat Scheiße im Hirn und hat keine Verantwortung für Volk und Vaterland! Der Tag wird und muß kommen, wo Ihr zur Verantwortung gezogen werdet! Heute denkt doch fast jeder, jetzt brauchten wir einen Hitler, der Deutschland wieder sauber macht.

*

DER SPIEGEL Nr. 38 / 15.9.1980

URTEILE GEGEN NS-VERBRECHER IN DER BRD

Nach einer Statistik des Bundesjustizministeriums sind auf dem Gebiet der Bundesrepublik vom 8. Mai 1945 bis zum 31. Dezember 1981 insgesamt 6456 Angeklagte wegen NS-Straftaten oder Kriegsverbrechen rechtskräftig verurteilt worden, davon
114 zu Geldstrafen,
6171 zu zeitigen Freiheitsstrafen
158 zu lebenslanger Haft,
12 zum Toge.

Ulrich Dieter Oppitz hat in einer Forschungarbeit in zwei Positionen etwas höhere Zahlen ermittelt: 169 lebenslange Haftstrafen und 14 Todesurteile.

Quelle: Adalbert Rückert: NS-Verbrechen vor Gericht, Heidelberg 1982, S. 307 f.
zit. nach: tat Nr. 26 /1.7.1983

Wie ausländerfeindlich sind die Deutschen? STERN-Reporter Gerhard Kromschröder lebte mehrere Wochen als »Hilfsarbeiter aus Anatolien« in Frankfurt. Es war ein Unterricht im Ducken, um zu überleben

... Seit einer Woche lebe ich jetzt schon als Türke in Frankfurt. Hier sind fast ein Viertel der Einwohner Ausländer – einen höheren Prozentsatz gibt es in keiner anderen deutschen Großstadt. Jeden Morgen stehe ich um vier Uhr auf. Um fünf beginnt mein Dienst als städtischer Straßenkehrer. Acht Stunden fege ich jeden Tag im orangefarbenen Overall in meinem Revier zwischen dem Luxus-Hotel „Frankfurter Hof" und dem Schauspielhaus. Ohne Ausländer würde die Stadt im Müll ersticken – 95 Prozent der Straßenkehrer Frankfurts sind Türken. ...

In den ersten Tagen hatte ich mich noch erschrocken über die Graffitis in der Frankfurter U-Bahn: „Achmed, der Gasofen wartet", „Muslim, go home". Oder über den Spruch, der auf gut zwei Dutzend Parkbänke zwischen dem Polizeipräsidium und dem Frankfurter Messegelände gemalt ist: „Nur für Deutsche". Wenn man als Türke zum drittenmal „Türken raus" an einer Wand liest, gehört das langsam zum Stadtbild Frankfurts ...

Und da überrascht es nicht mehr, wenn auf dem 4. Polizeirevier am Hauptbahnhof ein Beamter, dem ich ein Polaroid-Foto einer „Türken raus"-Parole vorlege, raunzt: „Na und, das steht doch überall. Wie käm' ich denn dazu, das wegzumachen, hätt' ich doch viel zu tun!" Auf den Einwand, beim „raus" seien hinten zwei SS-Runen hingesprüht, erklärt der Beamte: „Was'n dabei? Alte deutsche Schreibweise eben. ...

Freitag abend, Zeit zum Ausgehen. ...

Im „Weihenstephan" in der Kleinen Bockenheimer Straße: Die Wirtin übersieht mich geflissentlich. Fotograf Werner Ebeler, der nur drei Plätze neben mir sitzt, hat nach fünf Minuten wieder seinen Apfelsaft vor sich stehen. Mein Bier bekomme ich erst nach einer halben Stunde. Als ich schließlich – ganz deutsch – sage: „Hallo, bitte zahlen", blafft mich die Wirtin an: „Hallo ist gestorben!" Das Wechselgeld knallt sie auf den Tresen. Einige Münzen kullern dabei zu Boden. Ich bücke mich, sammle das Geld ein ...

... versuche ich mein Glück im Apfelweinviertel Sachsenhausen. In einem städtischen Werbeprospekt hatte ich gelesen: „Was Sachsenhausen prägt, sind die Menschen, die hier auf der anderen Seite des Mains leben: eigenwillig, ebenso stolz auf ihre Geschichte wie auf ihren Dialekt. Was sich dem Fremden zeigt, ist daher nicht präparierte Idylle, nicht Vorstadt-Romantik. Es ist Sachsenhäuser Gastlichkeit, die zu erleben sich lohnt."

Sachsenhäuser Gastlichkeit. Am Eingang des „Queen's Pub" sagt mir eine junge Frau: „Heute ist Bingo-Abend, Einsatz mindestens tausend Mark." Als ich erkläre, ich würde wohl einen Tausender wagen, sagt sie: „Verpiß dich!" und knallt mir die Tür vor der Nase zu.

In der Sachsenhäuser Discothek „biba" das alte Lied: Mit der Begründung „Nur für Clubmitglieder und Stammgäste" wird mir, dem Türken, der Zutritt verwehrt. Mein Kollege, auch zum ersten Mal hier, ist willkommen.

Ich gehe 20 Meter weiter zum „Paradieshof". Ein Foto von diesem Lokal hatte ich im Prospekt gesehen. Vor dem Eingang eine drei Meter hohe Brunnensäule aus dem Jahre 1786, darauf die Statuen von Adam und Eva. Der „Paradieshof" ist ein solides Lokal mit Tanz. Eine Plakette an der Eichentür weist den Wirt als Mitglied im „Hessischen Gaststättenverband" aus. Die Speisekarte im Schaukasten verspricht deutsche Kost: von der Flädlesuppe für 3,50 Mark bis zu „Opas Sauerkrautplatte" – Rippchen, Wurst, gebratene Haxe, Erbsen, Kartoffelbrei und Sauerkraut – für 21,50 Mark. Heute spielen die „Sounder's" zum Tanz auf.

STERN-Fotograf Herbert Peterhofen, der jetzt wenige Schritte vor mir geht, löst für zwei Mark eine Eintrittskarte. Große Geste des stämmigen Türstehers: „Bitte sehr, der Herr." Dann fixiert er mich und hebt abwehrend beide Hände: „Nur für Clubmitglieder!" Ich zeige auf Herbert Peterhofen, den er gerade vorbeigelassen hat. „Ein Stammgast", lügt der Hemdsärmelige an der Tür. Ein Besucher in hellem Anzug, Goldkettchen unterm weitgeöffneten Hemd, offenbar ein Italiener, versucht mir das Auswahl-System klarzumachen: „Nix für Ausländer wie dich."

Dem Torhüter dauert das alles zu lange. Neue Gäste drängen nach. Er packt mich am Arm und schiebt mich nach draußen. Mit der Jackentasche bleibe ich am Türgriff hängen, sie reißt ein. „Mach keinen Ärger, sonst setzt's was", sagt der „Paradieshof"-Türsteher drohend zum Abschied.

Am nächsten Abend versuche ich es noch mal. Diesmal endet meine Vertreibung aus dem Paradies noch handgreiflicher. Kaum bin ich in der Tür, springt mir der Zerberus entgegen, packt mich an den Jackenaufschlägen, wirbelt mich herum und versetzt mir einen Tritt in den Hintern. Ich verliere das Gleichgewicht und lande draußen auf dem Pflaster.

Niemand interessiert sich dafür, niemand ergreift für mich Partei. Weder in Gaststätten, noch an der Straßenbahnhaltestelle „Musterschule" in Frankfurt Nordend. Dort schnappt mich ein Passant um die fünfzig ohne ersichtlichen Grund am Kragen, preßt mich gegen eine Hauswand und brüllt: „Scheiß Türk, dich bring ich um!" Keiner der anderen Wartenden unternimmt etwas. Erst als die Bahn kommt, läßt er von mir ab. ...

Penner-Treffpunkt an der Friedberger Anlage. „Gib einen aus", sagt einer. Diensteifrig hole ich acht Flaschen Bier vom nahen Kiosk und verteile sie unter die Leute. Als ich mich neben einen von ihnen auf das Geländer setzen will, klärt mich der Penner auf: „Rück weiter, du. Berber sitzen nicht neben Türken – Türken stinken." ...

STERN Nr. 42 / 14.10.1982

Gespenstisch und gedankenlos

Von Michael Schwarze

... „Türkenwitze". Sie haben Konjunktur.

Diese Witze werden selten mit dröhnendem Gelächter quittiert. Für einen Augenblick scheinen die Menschen zu erschrecken, lächeln verlegen, doch dann spürt man die Befriedigung über den Umstand, daß es gerade einer gewagt hatte, einer allgemeineren Unlust Ausdruck zu geben. Diese Witze haben Tradition. Die Liebe zum eigenen Rudel und die Abneigung gegen das Fremde haben sich von jeher in grimmigen Scherzen geäußert. In Deutschland und anderswo. Neu ist freilich die Tonart. Die Türkenwitze sind gelegentlich von einer Brutalität, einer Niveaulosigkeit, die ohne Beispiel ist.

Die Empörung ist allerdings zu wohlfeil zu haben. Sie wird denen besonders leicht fallen, deren Plädoyer für Toleranz und Besonnenheit ohne praktische Folgen ist. Für jene, die in privilegierteren Verhältnissen leben, weckt der Hinweis auf das „Türkenproblem" allenfalls Erinnerungen an den Gemüsehändler oder den Änderungsschneider. Vollkommen fremd müssen ihnen beispielsweise die Ängste jener Eltern sein, deren Kinder in Volksschulklassen mit einem übermäßigen Anteil ausländischer Schüler nicht gerade mit aufsehenerregenden Lernerfolgen aufwarten können. Die Ressentiments sind jedenfalls ein Indiz für die Betroffenheit. In das Bild paßt, daß die Türkenwitze keineswegs allgemein bekannt sind. Sie kursieren vorzugsweise im Arbeiter- und im kleinbürgerlichen Milieu, unter Pennälern, eben dort, wo die Animositäten zu finden sind.

Sigmund Freud hat in einer Studie, in der die Beziehung des Witzes zum Unbewußten besonderer Erwägung für wert erachtet wird, den bösartigen Witz mit der Neigung des Menschen zur Verdrängung erklärt. Auf den Türkenwitz trifft dies in klassischer Weise zu. Er ist die ohnmächtige, beleidigende Antwort auf die allgemeine Sprachlosigkeit. **Ihn nährt die Wut, die jene empfinden,** die sich mit ihren Ängsten, den eingebildeten wie den tatsächlichen, von den Politikern allein gelassen fühlen. ...

Gute Aussichten sind nicht zu prognostizieren. Die meisten Türken wollen noch lange oder für immer in Deutschland bleiben. Freilich im Getto einer importierten Welt. Sie nur halbwegs zu integrieren war schon immer schwer. Die zunehmende Feindseligkeit wird die Türken, wie jede Minderheit, animieren, sich noch mehr abzukapseln. Dies wird wiederum den Unmut schüren. Die Kette hat kein Ende.

Viele Jahre hatten die Menschen in diesem Land nur ein ungefähres Bild von sich selbst, von ihrer nationalen Eigenart. Mit einem Mal werden im Witz die vergessenen Sekundärtugenden wieder beschworen — Sauberkeit, Ordnung, Fleiß — und griesgrämig gegen eine Minderheit gewendet, der solche Eigenschaften angeblich nicht gegeben sind. Da braut sich einiges zusammen, auch wenn derzeit kaum ein Politiker bereit ist, diese Stimmung zum Programm zu erheben. ...

Frankfurter Allgemeine Zeitung v. 14.5.1982

"... Das Dilemma, dem sich die Verantwortlichen in der Ausländerpolitik gegenübersehen, verdanken sie der Unentschiedenheit ihres Handelns. Offiziell gilt die "Integration" der ausländischen Arbeitnehmer immer noch als Ziel. Inoffiziell gibt es keinen Konsens darüber, was unter Integration zu verstehen ist ... (Die Debatte) ... verengt sich auf die Alternative "Integration" oder "Rückkehr" - wobei keiner sagen kann, wie das eine oder andere herbeigeführt werden soll. Die CDU/CSU träumt von einer Massenrepatriierung der Türken. Auf freiwilliger Basis wird daraus nichts werden. Es ist nur eine neue Utopie, mit der sie den Bürgern ihre Angst vertreiben will.
Die Kirchen, die sich große Verdienste in der Ausländerarbeit erworben haben, finden Integration, die mit "Assimilierung" verwechselt wird, unmenschlich. Sie plädieren für eine "multikulturelle Gesellschaft". Die Türkei, sie ist bei diesem Geschäft schließlich auch ein Partner, ist für Integration, solange die nationale Identität der Türken in der Bundesrepublik gewahrt bleibt. Die Drohung, ihre Landsleute zwangseinzubürgern, hat die Türkei tief in ihrem Stolz getroffen ...
In Wahrheit heißt das Konzept ... "Improvisation". Auch der Bundestag entzog sich seiner politischen Verantwortung für das Schicksal der über vier Millionen ausländischen Mitbürger ... Aus fadenscheinigen Gründen (die Kompetenzen in der Ausländerpolitik sind zwischen Bund und Ländern verteilt) überließen die Parlamentarier das Problem den Beamten und den Gerichten.
Wovon konnten sie ausgehen? Der Rechtsstatus der Ausländer in der Bundesrepublik richtet sich nach dem Ausländergesetz von 1965, das ausländische Studenten und Geschäftsleute, die für begrenzte Zeit hier sind, mit Ausländern, die in der Bundesrepublik eingewandert sind und hier bleiben wollen, gleichgestellt. Über die Jahre wurde das sehr allgemein gehaltene Gesetz durch die Verwaltungspraxis ausgefüllt. Wirklich "gestaltet" wurde die Einwanderungspolitik der Bundesrepublik aber von den Gerichten.
1978 entschied das Bundesverfassungsgericht, die routinemäßig neuerteilte Aufenthaltserlaubnis begründe einen "Vertrauensschutz". Der Ausländer, der schon einige Jahre hier gelebt hatte und dessen Aufenthaltserlaubnis alle zwei Jahre anstandslos erneuert wurde, erhielt damit ein Recht auf Verlängerung. Die Behörden konnten sie ihm nicht mehr einfach verweigern ...
Auf Grund der Gerichtsentscheidung entstand noch 1978 eine Verwaltungsvorschrift ("Verfestigungserlaß"), der die Ausländer aufenthaltsrechtlich so absicherte, daß wir uns in der Theorie einer hinlänglich liberalen Praxis weithin rühmen konnten.
In der Entscheidungspraxis allerdings, die von Land zu Land, von Ausländerbehörde zu Ausländerbehörde unterschiedlich ist, werden die Ausländer nach Ermessen behandelt.
Ein deutliches Anzeichen dafür, daß auf dieser Ebene etwas nicht in Ordnung ist, ist der auffällig unsichere aufenthaltsrechtliche Status der Türken. Obwohl 84 Prozent aller türkischen Arbeitnehmer schon über acht Jahre in der Bundesrepublik leben, besitzen nur 1,7 Prozent von ihnen eine Aufenthaltsberechtigung (auch "kleine Einwanderung" genannt, sie kann nach acht Jahren erteilt werden). Auch im Genuß des Regelanspruchs auf eine unbefristete Aufenthaltserlaubnis (nach fünf Jahren) sind nur 16,4 Prozent. Bei 46,3 Prozent ist die Aufenthaltserlaubnis auf zwei Jahre befristet, bei 19 Prozent auf ein Jahr ...
Von einer "aufenthaltsrechtlichen Verfestigung" kann da kaum eine Rede sein. Rechtsanwälte und Sozialarbeiter berichten vielmehr von der Tendenz der Ausländerbehörden, "das zu tun, was sie als deutsches Interesse betrachten, nämlich die Ausländer solange zu verunsichern, bis sie von selbst wieder gehen". Die Türken werden über ihre Rechte selten informiert; wenn sie sie kennen und anfordern, werden sie vertröstet oder weggeschickt, oder diese Rechte werden ihnen auch schlicht vorenthalten. Für die Erteilung der unbefristeten Aufenthaltserlaubnis und der Aufenthaltsberechtigung ist der Nachweis deutscher Sprachkenntnisse erforderlich: Für den Beamten ist es eine reine Ermessensfrage. ...

aus: Nina Grunenberg: Die Politiker müssen Farbe bekennen. In: DIE ZEIT, Nr. 6 / 1982

A. Paul Weber: Was nun? (1934)

Peter Hacker / Jürgen Wahl:
SIMULATIONSSPIEL MACHTERGREIFUNG AN DER GESAMTSCHULE BONN

Die normale Alltagssituation des Schülers ist die, daß er in der Klasse zuhört, was der Lehrer ihm vorträgt, daß er innerhalb eines offeneren Unterrichts überlegt und diskutiert, schreibt, rechnet und bestenfalls in freieren Unterrichtssituationen wie in der Gruppenarbeit selbständiger, aber dennoch auf Anweisung des Lehrers, agiert. Was auch immer eine Schule dem Schüler an Wissenswertem vermitteln und in unterschiedlichen Sozialformen anbieten kann, setzt Prozesse im Schüler frei, die vorwiegend auf der Verstandesebene ablaufen. So werden Schüler in der Regel in die Rolle des Aufnehmenden gedrängt: sie werden passiv, weil sie über Jahre nur schon gemachte Erfahrungen nachvollziehen müssen, der eigene Erfahrungsraum häufig ausgeklammert wird. Wenn dem Bedürfnis der Schüler, beteiligt zu sein, Schule aktiv mitzugestalten und eigene Erfahrungen zu machen, nicht häufig genug entsprochen wird, dann kann sich schnell Langeweile einstellen und Schule bedeutungslos werden.

Deshalb gilt es für die Schule, so oft wie möglich nicht nur den halben, auf den Verstand eingeschränkten Menschen anzusprechen, sondern den Menschen in seiner Ganzheit mit Verstand und Gefühlen. Mit der 50. Wiederkehr des 30. Januar 1933, dem Tag, an dem Adolf Hitler zur Macht kam, ist der Schule ein Anlaß gegeben, zu überprüfen, ob nicht auch zur Bewältigung des Faschismus in Deutschland die Schüler zu sehr intellektuell angesprochen und die gleichzeitige gefühlsmäßige Ablehnung ausreichend gestärkt wurde.

Die Aktion zur 50. Wiederkehr des Tages der Machtergreifung kann 1983 nicht den Sinn haben, eine jubiläumsähnliche Gedenkfeier zu veranstalten, wo wir in der Bundesrepublik gleichzeitig vor dem Problem eines sich erneut bemerkbar machenden Rechtsradikalismus und der damit verbundenen Ausländerfeindlichkeit sowie der latenten Bereitschaft zur gewaltsamen Durchsetzung von Zielen stehen.

Wären wir nach der oben beschriebenen alltäglichen Praxis verfahren, hätten wir die historischen Zusammenhänge und Ursachen des Faschismus in Deutschland nur über den Unterricht im Klassenverband, über Filme, über eine Erinnerungsveranstaltung und vielleicht noch über Gespräche mit Zeitzeugen erarbeitet. Wir sind allerdings zu der Überzeugung gelangt, daß alle diese methodischen Verfahrensweisen angesichts der gesellschaftlichen Entwicklung in Deutschland nicht ausreichen und nur eine distanzierte Betrachtungsweise zustandekommen lassen würden; so hat beispielsweise der Film "Nacht und Nebel", der 1945 in den eben befreiten Konzentrationslagern gedreht wurde, und der einen Tag vor dem Simulationsspiel zum 30. Januar 1933 Schülern der 9. Jahrgangsstufe vorgeführt wurde, keine Betroffenheit in dem von uns intendierten Sinne ausgelöst, sondern unter anderem die Äußerung: "ganz schön gruselig".

Betroffenheit und eigenes Erleben sollen an diesem bedeutungsschweren Tag durch ein Simulationsspiel hervorgerufen werden, das sich gleichermaßen an die intellektuell-kognitive wie auch an die emotional-affektive Seite in den Schülern richtete. Es ging darum, Schüler unvorbereitet und wehrlos Willkürmaßnahmen auszusetzen, um sie durch Nacherleben empfindsam und offen zu machen für die Situation, in der die Nationalsozialisten Macht ausübten.

Das Simulationsspiel begann damit, daß Schüler der Jahrgangsstufen 7, 8 und 9 von zwei ihnen unbekannten Männern aus dem Unterricht heraus abgeholt wurden, wobei die Lehrer nach eigenem Ermessen mitspielten. Diese Schüler wurden unmittelbar darauf in das Spiel eingeweiht und in einem abseits gelegenen Klassenraum versteckt. Absicht der Planer war es, Unruhe in den Klassen zu provozieren und den Schülern Zeit zu geben, Möglichkeiten des Widerstands zu finden.

Die Schüler entwickelten teilweise überraschende Strategien: sie alamierten über Notruf die Polizei, riefen die Zeitung an, telefonierten mit Eltern und begannen Suchaktionen nach den verschwundenen Schülern. Die beiden als Vollzugsorgane auftretenden Unbekannten wurden in der Pause von den Schülern verfolgt, beschimpft und nach dem Grund ihres Handelns befragt.

Nach Wiederbeginn des Unterrichts wurden die Klassen über Lautsprecherdurchsagen in die Aula befohlen, wo sie von einem ebenfalls unbekannten Staatskommissar darüber informiert wurden, daß es in der Schule zu schwerwiegenden Veränderungen gekommen war:
- Amtsenthebung einzelner Lehrer sowie der Schulleitung
- Auflösung der Schülermitverwaltung
- Verbot der Schüler- und Elternzeitung
- Schließung der Diskothek
- Einschränkung des Leseangebots in der Schulbücherei
- Fahrverbot für Mofa und Moped

Während der Bekanntgabe der Maßnahmen steigerte sich die Unruhe unter den Schülern in einem Maße, daß der Kommissar kaum noch zu Worte kam.

Der Protest der Schüler drohte, einerseits in Handgreiflichkeiten auszuarten, andererseits verfielen die Schüler in lähmende Schrecken, der sich teilweise auch in Tränenausbrüchen entlud. Hier wurde deutlich, daß kein Schüler in dieser von ihnen nicht definierten Situation die Aktion mit dem vorausgegangenen Unterricht in Verbindung bringen konnte. Obwohl teilweise wochenlang gerade dieses Thema besprochen worden war, konnten sie keinen Zusammenhang herstellen zwischen der im Unterricht behandelten Situation von 1933 und ihrer eigenen Lage. Durch den überraschenden Auftritt des Schulleiters und der verschwundenen Mitschüler begann die Phase der Aufklärung und Definition. Über einen kurzen Vortrag, ein großes Plakat mit dem Text "Vor 50 Jahren - Hitler kam zur Macht - 30. Januar 1933 -" und über den dokumentarischen Film "Hitler an der Macht" wurde der Zusammenhang zwischen Simulationsspiel und geschichtlichem Ereignis hergestellt und bewußt gemacht.

Die Planer haben an dieses Simulationsspiel die Erwartung, daß die Schüler das Ereignis in der Aula nun für sich definiert haben und sich somit in ähnlichen und zukünftigen Situationen zielgerichtet verhalten können. Unterstützt wird diese affektive Erfahrung durch Unterrichtsreihen, die den Faschismus nicht nur in seiner historischen Erscheinungsform sondern auch in seiner alltäglichen Diskussion zum Thema machen.

Eine ausführliche Dokumentation des Simulationsspiels ist erhältlich bei der Gesamtschule Bonn-Beuel, Siegburger Str. 321, 5300 Bonn 3

Bonner Rundschau

Planspiel gelang: Schulalltag wie in den Wintertagen '33

Schüler „abgeholt" — Kameraden riefen Polizei

jfr Bonn. Mitten in den Unterricht der Klassen 7, 8 und 9 platzten in der Beueler Gesamtschule gestern morgen zwei Unbekannte. Ohne lange Erklärung forderten sie einzelne Schüler in den Klassen auf, mit ihnen zu kommen. Als die Eindringlinge verschwunden waren, stellte sich heraus, daß weder Lehrer noch Mitschüler wußten, weshalb und wozu.

In den Klassenzimmern machte sich Unruhe breit. Mit Einverständnis der in das Planspiel eingeweihten Lehrer machten sich einige Schüler auf, nachzuforschen, was mit ihren Klassenkameraden passiert war. Andere Lehrer, die Schulleitung — niemand konnte Aufschluß geben. In den Klassen beriet man, die Vorschläge reichten vom Anruf bei den Eltern bis zum Alarm bei der Polizei. Einzelne Schüler riefen auf eigene Faust die Bonner Polizei und in Zeitungsredaktionen an: „In unserer Schule haben Beamte mehrere Mitschüler verhaftet".

In der Aula erklärte dann einer jener Fremden, die sich auf Befragen als „von der Dienststelle" ausgaben: „So geht's an dieser Schule nicht weiter, der Direktor wird abgesetzt, Schulzeitung und SV werden verboten ...".

Dies war die vereinbarte Grenze, die Unbekannten wurden auf der Bühne nun plötzlich von Schulleiter und Lehrern abgelöst, die die Schüler aus dem aufregenden und betroffenmachenden Spiel behutsam herauslösten und aufklärten: gleichzeitig standen die „verschleppten" Mitschüler auf der Bühne, denen selbstverständlich gleich außerhalb der Klassenzimmer klargemacht worden war, daß „gespielt" wurde.

Mit dieser Aktion entsprach die Kommission aus Eltern, Lehrern und der Schulleitung der in einem Rundschreiben geäußerten Bitte des Kultusministers, anläßlich des 30.Januar das Thema „50 Jahre seit der Machtergreifung durch Hitler" im Unterricht angemessen zu behandeln. Man war sich einig, daß eine „Denkfeier" oder auch das Vorführen eines Dokumentarfilmes nur distanziert betrachtet würde und wollte stattdessen durch persönliches Erleben Betroffenheit erreichen.

Dieter Lochner, Fachleiter für Gesellschaftslehre in seiner Bilanz: „Wir haben vielfältige Reaktionen beobachtet, die einen haben die Polizei angerufen, andere berichteten, daß ihnen ‚die Luft weggeblieben sei' und sind insgesamt unter den Kollegen von der Haltung der Schüler sehr angetan". Die unter den miterlebenden Schülern geweckte Initiative, das Beraten — „Wie wehren wir uns ?" — habe eine fruchtbare Diskussion angeregt. Der Aktion lag eine Dokumentation Darmstädter Gymnasiasten über den Schulalltag jener Tage vor 50 Jahren zugrunde, und mit den Rollen der „Unbekannten" waren Psychologen und Sozialarbeiter betraut, die eine Überforderung der Schüler „im Griff halten" sollten.

Volkmar Bielefeld:

POLITISCHE PROGRAMMATIK ALS GEGENSTAND SOZIALWISSENSCHAFTLICHER ANALYSE

Didaktische Bemerkungen zu bürgerlichen Parteiprogrammen nach '45

1.

Schon vor einiger Zeit hat Jeismann, ungeachtet seiner hier nicht zu diskutierenden Skepsis gegen die Integration des Gesellschaftslehrebereichs konstatiert, daß "Geschichtsunterricht und Politikunterricht ... den gleichen 'Stoff' " haben und daß "Geschichtsunterricht und Politikunterricht ... sich nicht prinzipiell im Hinblick auf die Methoden ihrer Bezugswissenschaften (unterscheiden)". (1)
Vollends plausibel ist diese Auffassung, konfrontiert man sie mit dem "Stoff" Faschismus. Zusätzlich haben hier - quer zu den alten Disziplinen - Schulen und Sparten ihre wichtige Rolle bei der didaktischen Aufarbeitung anzubieten: die bürgerliche Sozialgeschichte, die marxistische Politökonomie, die Methoden der kritischen Theorie, aber auch Sozialisationsforschung, Sprach-, Kunst- und Kommunikationsfächer.

2.

Relevanz und Betroffenheit sind in der politischen Bildung gegenüber dem Faschismus gegeben

- durch seine recenten Spielarten in aller Welt ("moralische" aber auch reale Betroffenheit!)
- durch die Betroffenheit aufgrund der eigenen Geschichte, des eigenen Landes, der eigenen Schicht, Klasse, Gruppe, Familie, Religion
- durch faschistisch-neofaschistische Tendenzen in der Bevölkerung, in Teilpopulationen, in Medien usf.
- durch faschistische oder autoritäre Tendenzen der Politik
- durch potentielle faschistische Bedrohung, die der technische und soziale Wandel in Zukunft mehr oder weniger wahrscheinlich macht.

3.

Geht der didaktisch Erwägende nun daran, die Voraussetzungen für eine Behandlung des Themas abzuschätzen, so darf er in einem gewissen Umfang darauf vertrauen, daß die Medien, frühere schulische Behandlung und die roten oder braunen Großeltern (letztere haben z.Zt. auf Grund der Altersstruktur die Nase vorn!) nicht unbeträchtliche Vorkenntnisse erwirkt haben: Alltagsgeschichte, Einzelschicksale, Haupt- und Staatsaktionen,

---

1) Karl-Ernst Jeismann: Historischer und politischer Unterricht. Bedingungen und Möglichkeiten curricularer und praktischer Koordination. In: Rolf Schörken (Hrsg.): Zur Zusammenarbeit von Geschichts- und Politikunterricht, Stuttgart 1978, S. 24 ff.

Die Arbeiterpartei CDU für Planwirtschaft und Sozialismus: Wahlplakat der Christdemokraten, Berlin 1946

die immer noch allgegenwärtige leichte Muse der Goebbelsschen Traumfabriken, Wertungen.
Nehmen wir an, der Lehrende hat durch Interessenanalyse geeigneten Materials die brutal ausbeuterische Ökonomie des Faschismus gegen die Mehrheit der Bevölkerung Deutschlands und Europas erarbeiten lassen, so bleibt als nächstes die Frage nach der Kontinuität der Strukturen, die den Faschismus ermöglicht haben.
Keine Behandlung des deutschen Nationalsozialismus sollte mit der Befreiung im Mai 1945 enden.

4.
Die verständliche Erleichterung über die militärische Niederlage des NS-Systems, deren Preis nicht unbeträchtlich vom Ausland bezahlt wurde, hat möglicherweise nach 1945 zu unkritischer, affirmativer Mythenbildung beigetragen. Es ist zu prüfen, ob und wie eine ernsthafte Auseinandersetzung mit den gesellschaftlichen Strukturen und Gewalten stattgefunden hat, die den Nationalsozialismus ermöglicht, gefördert oder gewollt haben.

5.
Beispiele für "Gründungsmythen":
- Kollektivschuld, Kollektivscham
- Prosperität durch "soziale Marktwirtschaft", "Leistung", freie Unternehmer, Westhilfe, Westintegration
- Totalitarismustheorem (2)
- staatsrechtliche Theoreme, die zur Behinderung kleiner Parteien, zur nahezu völligen Abschaffung des Plebiszits, zur Abschaffung von Notstandsermächtigungen, zur Beschneidung von Rüstung und kriegerischer Außenpolitik und zur Einschränkung "autokratischer Präsidialmacht" führten.

Diesen "Gründungsmythen" stehen fast konträr die Forderungen nach einer konsequent antifaschistischen Neugestaltung der Gesellschaft gegenüber (Programme der SPD, KPD, christlicher Kreise, der neuen Einheitsgewerkschaft).
Die zunächst verbal relativ einheitliche Front des Antifaschismus, des "Nie wieder!", zerbrach recht schnell, als es im Einklang mit der weltpolitischen Auseinandersetzung möglich wurde, restaurative Interessen erneut offen zu vertreten. Schließlich willigte auch die SPD nach langem schmerzhaftem Prozeß in die Wiederbewaffnung, später die Atombewaffnung der Nato-Streitkräfte in Westdeutschland, in den Verzicht auf die allgemeine

---

2) vgl. dazu Joachim Oltmann: Das Paradepferd der Totalitarismustheorie, in: Blätter für deutsche und internationale Politik, 27. Jg., Heft 11/1982, S.1374-1390.
Der kalte Krieg hat tausende von "Faschismus = Kommunismus" - Thesen hervorgebracht. Noch heute haben fast alle Politikbücher für den Schulgebrauch - trotz inhaltlicher Differenzierungen - dieses Strickmuster.

1953

1953

1972

paritätische Mitbestimmung, die bereits eine Rückzugsposition darstellte, in die Abkehr von einer demokratischen Schulentwicklung, in die Rekonfessionalisierung weiter Bereiche des öffentlichen Lebens und schließlich in die Notstandsgesetze.
Dagegen blieben die Neufassung des Wahlrechts und die Entmündigung des Volkes zwischen den Wahltagen, sowie die weitgehende staatliche Finanzierung der etablierten Parteien erhalten.
Die Machtzusammenballungen in der Industrie konnten sich trotz der Entflechtungen dank gigantischer Steuergeschenke im Bereich der Investitionspolitik ("Selbstfinanzierung") rasch wieder bilden.

6.
Das folgende Informationsmaterial ist der Einfachheit halber in der knappen Zubereitung eines weitverbreiteten Geschichtsbuches aufgenommen. (1)

> "Das kapitalistische Wirtschaftssystem ist den ... Lebensinteressen des deutschen Volkes nicht gerecht geworden ...
> Die Zeit der unumschränkten Herrschaft des privaten Kapitalismus (ist) vorbei ... Es muß ... aber vermieden werden, daß der private Kapitalismus durch den Staatskapitalismus ersetzt wird ... Unternehmungen monopolartigen Charakters ... (können) die Freiheit im Staate gefährden ... Kartellgesetze ... Mitbestimmungsrecht für Arbeitnehmer ... im Aufsichtsrat (sind vorzusehen) ..."
> (Ahlener Programm der CDU der britischen Zone, 3. Februar 1947)
>
> "An die Stelle der materialistischen muß wieder die christliche Weltanschauung treten ... (Sie) allein gewährleistet Recht, Ordnung und Maß, Würde und Freiheit der Person ..., wahre und echte Demokratie ... Wir fordern die Vergesellschaftung der Bergwerke ... Der Erwerb mäßigen Besitzes für alle ehrlich Schaffenden ist zu fördern."
> (Programm der CDU der britischen Zone, 1948)
>
> "Freie Initiative (des Unternehmers) unter Abbau der Wirtschaftsbürokratie. Die zur Überwindung von Notständen unentbehrliche Planung und Lenkung darf ... nicht bürokratisch sein ... Das Recht ... der Kleinen (in der Wirtschaft und) das Recht ... der Mitarbeiter in großen und kleinen Betrieben (sichern) ... Erhaltung und Förderung des freien Bauernstandes ... Jeder Totalitätsanspruch nationalistischer, klerikaler oder sozialistischer Färbung ist ein Feind der Demokratie ... Weder ... Klassenstaat noch ... Obrigkeitsstaat. Der marxistische Sozialismus führt ... zu einem totalitären Staat ..."
> (Richtlinien der FDP der britischen Zone, 4. Februar 1946)

7.
Keine der Parteien, eher noch die FDP (F.D.P.), würde diese Formulierungen heute noch als die ihren ansehen. Da sich die realen Interessen dieser Parteien möglicherweise nicht erheblich geändert haben, muß untersucht werden, ob zeitgebundene Gründe für die Formulierung maßgeblich gewesen sein können.

---

3) H.D. Schmidt: Fragen an die Geschichte, Frankfurt o.J., Bd. 4, S. 159

Gutehoffnungshütte

Oberhausen Aktiengesellschaft

Konten
Giro-Konto: [illegible] Oberhausen (Rheinl.) Konto Nr [illegible]
Postscheck-Konto Nr 2200 Amt Essen

Drahtwort
Hoffnungshütte
Oberhausenrheinland

Fernschreiber
K 37 Nr 12

Fernruf:
Amt Oberhausen
Ortsverkehr Sammelnummer [illegible]
Schnellverkehr Sammelnummer [illegible]
Fernverkehr Sammelnummer [illegible]
Nebenstelle

An die
Einheitsgewerkschaft

(22a) K ö l n
Venloer Wall 9

Ihre Zeichen	Ihr Schreiben vom	Unsere Zeichen Abt. Reusch/D.	Oberhausen (Rheinl.), den 18. Januar 1947

Betrifft:

Der Vorstand der Gutehoffnungshütte Oberhausen AG. ist der Auffassung, dass die Neuordnung der Eisen- und Stahlindustrie nach dem uns von dem Leiter der Treuhandverwaltung im Auftrage der NGISC mitgeteilten Plan bei der Gutehoffnungshütte den Belangen der Allgemeinheit und insbesondere der Belegschaft nicht entspricht. Die Durchführung des Planes würde die Zerschlagung eines in 150 Jahren organisch gewachsenen Unternehmens bedeuten. Die innige Verflechtung der einzelnen Betriebsabteilungen auf den Gebieten der Energiewirtschaft, des Verkehrs und der Verwaltung verbietet die schematische Anwendung von betriebswirtschaftlichen Grundsätzen, die die natürlichen und technischen Zusammenhänge unberücksichtigt lassen.

Um eine Entflechtung durchzuführen, welche die Wirtschaftlichkeit der Werke nicht gefährdet, halten wir es für geboten, dass die erforderlichen Massnahmen von denjenigen Stellen beeinflusst werden, welche mit den Betriebsverhältnissen und den verwaltungsmässigen Zusammenhängen vertraut sind, also von der Verwaltung und der Betriebsvertretung unter Mitwirkung der Gewerkschaft. Wir denken uns dies in der Weise, dass der Aufsichtsrat durch die Zuwahl von Vertretern der Arbeitnehmer bzw. Gewerkschaft erweitert wird, und dass von diesem Kreise die Vorschläge für eine zweckentsprechende Lösung ausgehen. Die Interessen aller Beteiligten könnten auf diesem Wege am besten gewahrt werden.

Wir würden es begrüssen, wenn wir auf dieser Grundlage mit Ihnen zu einer Verständigung über weitere gemeinsam zu unternehmende Schritte und im Zusammenhang damit zur Regelung einer dauernden Mitwirkung der Belegschaft bzw. Gewerkschaft bei der Verwaltung des Unternehmens kommen würden.

GUTEH[illegible]NGSHÜTTE
OBERHAUSE[illegible]GESELLSCHAFT

(Reusch) (Hilbert)

Unternehmerfunktionär Hermann Reusch bietet – aus taktischen Gründen – die Mitbestimmung an.

Die folgenden Hypothesen/Thesen können vorab im Unterricht erstellt und dann überprüft werden, oder sie werden aus dem Vergleich der wirklichen Politik bzw. neuer Programme gewonnen.

- Die genannten Parteien standen, obschon formal Neugründungen, unter dem pauschalen Mitläufervorwurf der Alliierten (Präsidialdiktatur Brünings, Zusammengehen mit Hitler, Ermächtigungsgesetz, widerstandslose Selbstauflösung).
- Sie fürchteten nicht zugelassen zu werden, wenn sie nicht erhebliche Innovationsbereitschaft signalisierten.
- Sie reihten sich notgedrungen in die antifaschistische Bewegung ein, um sie in ihrem Sinne abzubiegen.
- Die Programme sind Ausdruck innerer Widersprüche innerhalb des noch großen Einflusses der demokratisch engagierten Parteibasis (Kaiser - Adenauer; nationalliberal - linksliberal; "christlich"-"soziale" Union). Der antifaschistische Impetus ist also nicht nur taktischer Natur.
- Es gibt noch keine politische Formel, die das bürgerlich-politische Erbe "bewältigt".

8.

In den vorgelegten programmatischen Äußerungen ist die Rücknahme pointiert fortschrittlicher Positionen, die nach Lage der Dinge nur sozialistisch und partizipatorisch sein konnten, bereits vorbereitet. Zugleich werden aber restaurative Absichten noch sorgfältig verkleidet.

- Die bürgerlichen Parteien stilisieren sich zu Parteien der Mitte (vgl. Genscher seit Herbst '82: "Die Koalition der Mitte."), des Maßes (Adenauer im Wahlkampf 1957: "Keine Experimente!") und
- lenken ohne Analyse und wirkliche Bewältigung vom nationalsozialistischen "Betriebsunfall" ab, indem
- sie per Totalitarismustheorem (Die Extreme berühren sich!) Marxismus und Faschismus zusammenrücken und die Mitverantwortung an Letzterem unterschlagen.

Die Textarbeit an den abgedruckten Quellen ist außerordentlich relevant und transferfähig für die Dechiffrierung politischer Aussagen.

CDU 1947: Der Eingangssatz wirbt um christlich orientierte Arbeitnehmer, distanziert sich zugleich von der (besitz-)bürgerlichen Tradition. Es ist jedoch nur die Zeit der "unumschränkten Herrschaft" vorbei (das unverbindliche Postulat der "sozialen Bindung des Eigentums"). Der Gegenangriff auf das vertraute Feindbild ("Staatskapitalismus") ersetzt die Reflexion über die eigenen strukturellen Webfehler. Beruhigende Formeln für ein nur zeitweilig beunruhigtes Publikum ersetzten ein entschlossenes Programm. (Was ist ein monopolartiger Charakter, was Mitbestimmung, wie wirksam sind welche Kartellgesetze gegen den unaufhaltsamen Prozeß der Konzentration?)

Wieder Herr im eigenen Hause werden!

Wir wollen uns doch nichts vormachen: wir sind es heute nicht, und wir waren es nicht seit 1933. Weder in den kleinen, noch in den großen Dingen haben wir in den 12 Jahren Hitler-Herrschaft selbst entscheiden können.

Und

Was unsere Kinder mit ihrer Freiheit anfingen —
Welche Rundfunksender wir einstellen durften —
Welche Arbeit wir leisten sollten —
Ob wir aufrüsten, ob wir Krieg anfangen, andere Völker überfallen, andere Länder besetzen sollten oder nicht — —

Alles das hat da oben Hitlers Pack entschieden. Sie konnten es, weil 12 Millionen Naziwähler mithalfen, sie zur Macht zu bringen, und weil viele Millionen mehr ihnen Jahr um Jahr ihr „Ja" gegeben haben.

DESHALB verfluchen uns jetzt die Mütter von zwanzig Nationen, deren Söhne durch deutsche Kugeln gefallen, deren Häuser durch deutsche Bomben vernichtet sind.

DESHALB liegt heute jeder zehnte Deutsche im Massengrab oder im Krüppelheim.

DESHALB sind unsere Städte zerstört, unsere Fabriken lahmgelegt, unsere Reichskassen geleert.

DESHALB hungern wir, DESHALB frieren wir, DESHALB haben Millionen kein Heim,

und DESHALB haben wir fremde Truppen im Land, werden von Ausländern regiert und stehen unter Kuratel . . . weil sie kein Vertrauen zu uns haben.

Die Völker mißtrauen uns, weil wir uns mißbrauchen ließen, weil wir Hitler für uns entscheiden ließen, statt unsere Geschicke in unsere eigenen Hände zu nehmen.

Kopf in den Sand stecken hilft gar nichts. Frei sein, uns selbst regieren werden wir erst dann, wenn wir bewiesen haben, daß uns kein Hitler mehr mißbrauchen kann.

Hitler nahm uns nicht nur das Recht, über Krieg und Frieden zu entscheiden. Er entschied auch über Haus und Hof. Auch heute haben wir nicht das Recht, über Deutschland zu entscheiden.

Aber die Besatzungsmacht will, daß wir selbst bestimmen, wie es in Stadt und Land aussehen soll. Freie Regierung ist der erste Schritt zum freien Deutschland.

Von vorn müssen wir anfangen mit dem Selbstverwalten und dem Selbstregieren — von unten auf.

Im nächsten Jahr wird gewählt werden in den Gemeinden, sobald die Umstände es erlauben. Darauf müssen wir uns vorbereiten.

ABER: Regierung durch das Volk heißt nicht nur Stimmvieh spielen.

Der ist kein guter Bürger

Der hilft nicht sich und Deutschland, der alle Jubeljahre einmal „wählt" und sich sonst überhaupt nicht darum kümmert, wie es in seinem Dorf und seiner Stadt aussieht.

Wenn wir uns selbst regieren wollen

— und wir müssen es wollen, um ein neues Drittes Reich zu vermeiden —

dann müssen wir selbst Hand anlegen, müssen uns kümmern. Arbeite mit in der Gemeinde, mach Vorschläge und hilf sie mit verwirklichen. Es gibt genug zu tun:

Kümmerst Du Dich darum, wie Deine Kinder in der Schule erzogen werden?

Kümmerst Du Dich darum, ob die Kranken, die Schwachen und die Alten versorgt werden?

Kümmerst Du Dich darum, daß die Gemeindefinanzen richtig verwendet werden, daß es Arbeit gibt?

Kümmerst Du Dich darum, daß die Lebensmittel gerecht verteilt werden, daß Dein Nächster ein Bett und ein Dach hat?

Da fängt es an mit dem Selbstregieren! Da wirst Du gebraucht! Da hilf mit!

Natürlich, es kann nicht ein jeder zum Rathaus laufen. Es wird nichts draus, wenn jeder nur in seine eigene Richtung zerrt. Der einzelne ist nicht immer stark genug; Zusammenschluß mit Gleichgesinnten ist nötig und sichert erst den Erfolg. Die politischen Parteien, die jetzt in allen Kreisen wieder erstehen, sind Sammelbecken für die Bürger, denen das Gemeinwohl am Herzen, nicht nur im Munde liegt.

Schließ Dich einer Partei an, informiere Dich politisch — — arbeite mit, hilf mit,

es gibt nur diesen einen Weg zur Freiheit.

Printed by the PRINTING AND DISTRIBUTION UNIT, Control Commission for Germany (B.E.)

Alliiertes Werbeplakat für die Demokratie

CDU 1948: Es hat einmal eine christliche Weltanschauung dominiert ("wieder"!), die materialistische kam dazwischen, also der Nationalsozialismus ("Weltanschauung"?). Möglicherweise hat der eine Materialismus den anderen sogar noch verschuldet. Jedenfalls wird durch den Trick semantischer Übertragung der hochreflektierte philosophische Begriff (etwa bei Marx) "materialistisch" mit "unmoralisch, verderblich" besetzt, wie es alter klerikaler Propaganda und dem NS-Sprachgebrauch entspricht. Selbst kann man nicht faschistisch sein, da man nicht materialistisch ist. Schlußfolgerung: Marxisten und Faschisten sind abzulehnen, weil beide "materialistisch" sind. Zwei Fliegen mit einer alten Klappe; das Christentum muß wieder (?, welches?) her.

FDP 1946: Der Staat solle sich zugunsten der freien Unternehmer zurückziehen, gleichzeitig sollen kleine Unternehmer und die Lohnabhängigen geschützt und der Klassenstaat vermieden werden. Man fühlt sich an den Brief der Industriellen an Hindenburg erinnert ("Überwindung des Klassengegensatzes ... unerläßliche Grundlage für einen Wiederaufstieg der deutschen Wirtschaft"). Einzig die planerischen Elemente der gewinnstabilisierten Kriegswirtschaft, so könnte man vermuten, sind am NS-Staat ärgerlich. Um wieviel verheerender sind dann Systeme mit totaler Planwirtschaft! Ein Lernprozeß durch den oder nach dem Nationalsozialismus kann in diesem Textausschnitt nicht nachgewiesen werden.

Hinweis: Der Arbeitsunterricht wird - je nach Materialauswahl - ggfs. die von Schmid zitierten Texte weniger gekürzt behandeln müssen. Doch sei auch gewarnt vor der Gefahr, den Wald vor Bäumen nicht zu sehen. In jedem Fall sollte auf Verlangen der Lernenden der ungekürzte Text vorgelegt werden können.

9.

CDU und FDP finden also schon früh das Schlupfloch, sich als bürgerliche Parteien aus der Verantwortung zu stehlen, ohne - und das wird entscheidend für das politische Klima der Adenauerzeit sein - die Arbeiterparteien aus dem Visier nehmen zu müssen: Diese werden der Geschichte zum Hohn weiterhin die vaterländisch Unzuverlässigen bleiben, sie sind sozialistischer Gleichmacherei verdächtig, also totalitär. (4) Totalitäre aber sind Extremisten, wie die Faschisten, nur daß es die nicht mehr gibt.

Weimar sei nicht wehrhaft gewesen, also werden die bürgerlichen Parteien als wahre Garanten der Demokratie die sozialistischen Teile des Volks-

---

4) Dieses uralte Verfahren, sich selbst als die Mitte, andere als "Radikalinskis" (auch dieser Begriff keift nach Osten) zu bezeichnen, ist natürlich auch in der Arbeiterbewegung benutzt worden. Ein Wahlplakat der SPD von 1930 "Das sind die Feinde der Demokratie" zeigt den dolchführenden Nazi, dahinter einen Militärmenschen und einen Sowjetbürger odgl. In: Anschläge. Politische Plakate in Deutschland 1900 - 1970, München 1972

willens "ausgrenzen". Die Entnazifizierung kann im Kontext mit der weltpolitischen Entwicklung abgebrochen werden, die Restauration ist gelungen.

10.
Die ideologiekritische Untersuchung über Fehl- und Umdeutung politischer Begriffe kann eine sozialgeschichtliche Betrachtung nicht ersetzen.
Es würde in diesem Fall ausreichen zusätzlich

- statistisches Material über Besitz- und Einflußverhältnisse (5) oder
- Angaben über die soziale Mobilität (6) beizubringen.

Die Schüler sollen sicher nicht den (falschen) Eindruck erhalten, die eigentlich faschistische Führungsschicht sei vollständig im Amt geblieben. Dazu reichte deren Qualifikation auch offensichtlich nicht aus. Dies schließt jedoch eine bedenkliche Stabilität viel älterer und erfahrener Eliten nicht aus. Die junge Generation muß endlich offen darüber diskutieren können, ob in diesem Lande nach der von außen erkämpften Befreiung vom Nationalsozialismus bereits alles zur Sicherung der Demokratie getan ist.

---

5) Wolfgang Littek: Materialien zur Sozialstruktur der Bundesrepublik Deutschland. Teil VI: Einkommen und soziale Ungleichheit. In: Gegenwartskunde, Nr. 27 (1978), Heft 2, S. 201 - 205
Vorbildlich: K.G. Fischer: Gesellschaft und Politik, Frankfurt 1971 (Metzler), S. 128 ff. Die neueren Ausgaben sind für dieses Thema wertlos!
Urs Jaeggi: Kapital und Arbeit in der Bundesrepublik, Frankfurt 1973, S. 69

6) Sehr gut lesbar, leider ohne Apparat, das aufregende Buch von: Bernt Engelmann: Das Reich zerfiel, die Reichen blieben. Deutschlands Geld- und Machtelite. Mit Rangliste der 500 großen alten Vermögen, München 1975
Kapitalverflechtung in der Bundesrepublik. Kursbogen zu Kursbuch 21, Berlin 1970 (vereinfacht auch in L. Helbig: Politik im Aufriß, Frankfurt o.J., Bd. 1)
Ein Vergleich der sozialen Herkunft der Eliten in der Bundesrepublik und in der DDR in: H.D. Schmid: Fragen an die Geschichte, Bd. 4, S. 171

Jochen Hering / Hans Müller / Detlev Neumann / Barbara Tille:

STADTSPIEL - SCHÜLER ERKUNDEN DEN FASCHISMUS IN IHRER STADT*

Ein Pauker nimmt uns
fast das Denken ab.
Es genügt,
seine Schriften zu lesen
und manchmal
aufzuzeigen.
So bekommen wir unsere Zensuren.

Dieses Schülergedicht zeigt, worum es in der Schule geht: möglichst rasch herauszubekommen, was der Lehrer von einem erwartet. Denn es ist ein Merkmal des lernzielorientierten Unterrichts, daß Schüler die Lehrererwartung übernehmen. Und die Wahrscheinlichkeit des Schulerfolgs steigt mit der Bereitschaft, sich diesem Mechanismus zu unterwerfen.

So wird verständlich, warum Schüler - zum Beispiel beim Thema "Gastarbeiter" - bestimmte Einsichten und Einstellungen dem Lehrer oder der Zensur zuliebe rasch bei der Hand haben, ohne daß sich dadurch an ihrem Verhalten (zum Beispiel danach auf dem Schulhof) etwas ändert. Oder es passiert, daß Schüler bei der Behandlung der "Machtergreifung 1933" ("Wer verhalf Hitler zur Macht?") am Ende - trotz gegenteiliger Informationen - dabei bleiben, in Dortmund hätten die Arbeiter Hitler an die Macht gebracht.

Wir denken, solche Misere liegt zum großen Teil daran, wie "die Geschichte" im Unterricht auftaucht. Meist geht es um "die Geschichte" allgemein. Wenn etwas geschieht, dann "im Jahr 1933" und "in Deutschland" oder "in Berlin" oder "München". So bleibt die Geschichte auf Abstand und berührt uns nicht mehr. Hinzu kommt die begriffliche Sprache der Schulbücher. Dazu ein Beispiel: "... Die sogenannte 'Schutzhaft' und die Einweisung in die zahlreichen neuen, von SA und SS errichteten 'Konzentrationslager' (KZ) wurden zu einem dauerhaften Instrument außerstaatlicher Gewalt der Partei, daß außerhalb jeglicher richterlichen und rechtsstaatlichen Kontrolle stand." (aus: Geschichtliche Weltkunde, Band III, Seite 108).

Diesen Satz können Schüler wiederholen, sie können ihn aber - wie den Rest des Textes - nicht verstehen. Es fehlen ihnen die Erfahrungen, die dazu die Voraussetzung wären. Also zum Beispiel eine Geschichte über den Alltag in einem KZ, vielleicht ein Bericht über das Vorgehen der SA oder jemand, der diese Zeit erlebt hat und davon erzählen kann. Ohne all das bleibt der Text "tot", durch geschichtliche und zeitgenössische Berichte wird er überflüssig. Und wer mit solchen Texten schon unterrichtet hat, weiß, daß, nachdem sie vorgelesen worden sind, der Unterricht so-

Albert Vögler: Ein Haus ehrt den NS-Freund

16 Jahre nach dem Krieg getauft

Von GABRIELLA WOLLENHAUPT

Wer ins städtische Rechtsamt will, muß in ein Haus gehe[n] nach einem bekannten Dortmunder Industriellen benannt Albert-Vögler-Haus, Alter Markt 6 - 8, ist den Dortmun[dern] Begriff. Vögler ist seit 1945 tot. Er beging nach seiner [...] durch amerikanische Soldaten Selbstmord. Der G[...] hatte sich in den Dienst der Nazis gestellt. Die D[...] „Verfolgung und Widerstand" bringt nun Licht [...]

Albert Vögler, 1877 geboren, war Vorsitzender des Rheinisch-Westfälischen Kohlesyndikates und setzte auf die Nazis. Er war schon seit 1933 Reichstagsabgeordneter und Mitglied des Generalrates der Wirtschaft.

1942 erreichte Albert Vögler den Höhepunkt seiner politischen Karriere: Er wurde M[...]

glied im Ind[...] sten Heere[...] April 1945 beging [...]

Der [...] hatt[...] D[...]

DAS ALB[...] wichtige R[...]

aus Artikeln der *WAZ* vom 17. u. 21.2.81

Ist das der Lebenslauf eines Mannes, dessen Namen man 16 Jahre später in großen Lettern an ein Haus schreiben muß, um seine Verdienste um diese Stadt unvergänglich zu machen? . . .

Albert Vögler war nicht einer von vielen Mitläufern, sondern er hat aus Überzeugung gehandelt. Er ist auch nicht als Jugendlicher in den Nationalsozialismus gestolpert, sondern hat sich als 56jähriger aus Überzeugung die NSDAP-Nadel an das Revers geheftet. . . .

Stadt i[...]

Die Industrie ver[...] durch die Aufr[...] schaftswachstum [...] Vögler machte [...] Hoesch-Direk[...] Springorum [...] mit den N[...] „Im 7[...] Macht[...] es v[...] se[...] d[...]

WR, 27.2.81

Lebendiger Geschichtsunterricht im Stadtspiel: Interview auf dem Alten Markt. (WR-Bild: Hermann Pruys)

Beim „Stadtspiel" wurde die Geschichte für junge Historiker plötzlich sehr lebendig

(AR) „Geschichte einmal anders zu lernen: Nicht Zahlen und Meinungen zu konsumieren, sondern Geschichte selbst zu erfahren, in der Stadt, in der wir leben, in den Straßen, durch die wir jeden Tag gehen" – mit diesem von Studenten, Lehrern und Uni-Dozenten des Fachs Geschichte entwickelten Anspruch schwärmten gestern rund 40 Schülerinnen und Schüler zwischen 14 und 16 Jahren von der Gesamtschule Scharnhorst aus in die Stadt: „Auf den Spuren der Geschichte" gingen sie mit Notizblock, Fotoapparat und Mikrophon Themen wie Widerstand im Dritten Reich, Judenverfolgung, Edelweiß- und Kriegsallt[...]

Stadt lebendig, anschaulich, begreifbar machen: Straßeninterviews, bei denen Passanten über die Vergangenheit befragt wurden, soweit sie sie erinnern oder nach aufklärender Information um Stellungnahmen gebeten wurden, Stöbern in alten Zeitungen in den städtischen Archiven, der Besuch historischer Gebäude wie alter Luftschutz-Bunker oder der Steinwache, das Nachforschen, ob durch Gedenksteine an die Vergangenheit erinnert wird, beispielsweise im Bereich des Stadttheaters an die abgeri[ssene] Synagoge.

[...]te über die Art des „Latscher"-Widerstandes gegen die Hitlerei gegeben habe, sie trafen auf der Straße Menschen, die über ihre schrecklichen Erlebnisse im Konzentrationslager berichteten, die die Hitler-Jugend als „prima" erinnern und andere, die sie als Zwang empfanden – und sie interviewten ehemalige aktive Widerstandskämpfer.

Nicht begreifen konnten die Schüler bei ihren Recherchen im Albert-Vögler-Hau[s] [...] Markt [...]

Gesprächspartner war später Karl-Dieter Exius, stellv. Rechtsamtsleiter. Er hatte aus der waz erfahren, wer der Mann war, in „dessen" Haus er jeden Morgen geht. „Wollen Sie sich dafür einsetzen, daß das Haus umbenannt wird?". Verständliche Frage der Schüler. „Die Stadt hat keine rechtliche Möglichkeit, die Eigentümer zu zwingen," so Exius. Doch die Gesamtschüler wollten die Meinung des Privatmannes Exius.

„Ich bin hier nicht privat, sondern dienstlich. Und wenn ich als Dienstperson hier bin, kann ich als Privatperson nichts unternehmen." Diese Antwort verstanden die Jugendlichen nicht. Exius: „Der Name stört mich zwar, aber nicht so, daß ich deshalb schlaflose Nächte hätte. Man kann nicht gegen alles, das einem nicht gefällt, etwas unternehmen."

Er könne höchstens auf dem Dienstweg etwas unternehmen und an den Oberstadtdirektor schreiben. „Wollen Sie das denn tun?" „Nein, das werde ich nicht tun. Dienst ist Dienst und Schnaps ist Schnaps." Er ließe sich nicht unter Druck setzen.

Schüler ermittelten Stadt-Geschichte im Albert-Vögler-Haus

Enttäuschung bei den Schülern und bei Professor Hans Müller, der die Gruppe in der Unterrichtseinheit „Drittes Reich" begleitete. Enttäuscht über die Gleichgültigkeit, über die Passivität und die Angst, seine private Meinung zu sagen. Entrüstet über die aggressive Art, mit der einige Stadtmitarbeiter die Schülerinnen und Schüler wieder aus den Zimmern warfen. „Die Ausstellung Widerstand und Verfolgung hat keinen Einfluß auf die Menschen gehabt" – so war das Resümee.

Die Passanten reagierten bei Interviews auf der Straße aufgeschlossen. Viele kannten den Namen Vögler nicht. Aufgeklärt, meinte ein älterer Mann: „Das Haus sollte man abreißen."

„Sofort die Schrift ab und umgetauft", das war die Meinung einer Frau. Und ein Mann: „Früher haben'se das Volk beschissen, heute ist das nicht anders." Ein Franzose: „Ich finde es nicht gut, daß ein Haus nach einem Nazi benannt wird." Auch einige karnevalistisch Angeheiterte machten ihrer Empörung Luft.

Während von der Stadt Dortmund und den im Rat vertretenen politischen Parteien also keine Anstrengungen gemacht werden, das Haus umzubenennen, interessiert sich der Namensgeber, der Westfälische Industrieclub, für Albert Vögler. Auf einer Beiratssitzung soll das Thema besprochen werden.

fort auch schon wieder zu Ende ist. Über sie kann man nämlich nicht reden, sie werfen keine Fragen auf, dieser Faktenmüll kann nur auswendig gelernt und wiederholt werden.

Diese Zerstückelung der Geschichte macht eigenes, produktives Denken unmöglich, und so folgen die Schüler wohl mehr oder weniger phlegmatisch dem von den Autoren vorgezeichneten Trampelpfad, bleiben trotzdem bei ihren Meinungen und Urteilen oder ändern sie auch mal, wenn "was dabei rumkommt". Betroffen machen, in zwingende Fragen verwickeln, ein Nachdenken, das wie von selbst kommt und dem man sich nicht entziehen kann, das kann in so einem Unterricht eigentlich kaum noch vorkommen.

Genau das aber waren Dinge, die uns vorschwebten, als wir nach sinnvollen Möglichkeiten der Auseinandersetzung mit dem deutschen Faschismus in und außerhalb der Schule suchten. Wir wollten Kinder und Jugendliche anregen, der Vergangenheit selbst nachzuspüren und sich dann ein eigenes Bild von "der" Geschichte zu machen. Das hat uns dazu geführt, ein Stadtspiel zusammenzustellen, das von Schulklassen und von außerschulischen Jugendgruppen umgesetzt wurde.

Wenn wir durch unsere Stadt gehen, ist die Geschichte auf unterschiedliche Weise gegenwärtig. Wir laufen vielleicht durch eine der alten noch erhaltenen Arbeiterkolonien und bekommen eine Vorstellung davon, wie hier Menschen früher (und mancherorts auch heute noch) zusammengelebt haben (zusammenleben). Es gibt Straßen oder Gebäudenamen, die zeigen, wie wenig wir uns in unserer Stadt kritisch mit der Vergangenheit auseinandergesetzt haben. So hieß bis vor kurzem in Dortmund ein von der Stadtverwaltung mitgenutzes Gebäude (Rechtsamt) "Albert-Vögler-Haus", obwohl der Industrielle Vögler zu den Förderern faschistischer Gruppen zählte und später Wehrwirtschaftsführer unter Hitler war.

Der Krieg hat nur wenige der alten Gebäude, die in Kalendern oder Heimatbüchern zu sehen sind, übrig gelassen. Und wenn wir mehr über diesen Krieg wissen möchten: in unserer Stadt wohnen noch viele, die ihn selbst miterlebt haben und berichten könnten – wenn wir sie nur fragen würden.

Das ist spannender als der Unterricht in der Schule. Wir lernen, uns selbst ein "Bild" zu machen. Und wir stellen dabei wahrscheinlich fest, daß das gar nicht so einfach ist. Wir haben vielleicht Passanten nach ihren Erfahrungen in der Hitlerjugend befragt und ganz unterschiedliche Erlebnisse und Meinungen zu hören bekommen. Wer hat nun recht? Haben die beiden unterschiedliche Erfahrungen gemacht? Hat vielleicht einer etwas verschwiegen?

Und nebenbei kann man spielerisch Dinge lernen, die in der Schule kaum gelernt werden können; mit anderen Gruppen ins Gespräch kommen und genaue Fragen zu stellen, Geduld zu haben, mit Älteren, die oft beim Erzählen den Faden verlieren und nur mühsam zu dem zurückfinden, was sie eigentlich sagen wollten.

WIE DAS STADTSPIEL ENTSTANDEN IST

Wie kam es zu diesem Stadtspiel? Im Rahmen eines Seminars, in dem wir, eine Gruppe von Wissenschaftlern und Lehrern, uns überlegten, wie mit Kindern und Jugendlichen die Problematik des deutschen Faschismus aufzuarbeiten sei, stießen wir auf ein Stadtspiel, das im Unabhängigen Jugendzentrum Glocksee, Hannover, durchgeführt wurde. Die Autoren der Broschüre schrieben zu ihren Absichten: "Die beteiligten (Schüler und Jugendliche, d.V.) sind nicht Konsumenten von Zahlen ..., sondern entdecken ihre Geschichte selbst! Die Jugendlichen sind Reporter, Interviewer und Sherlock Holmes in einem. Ihre Kulisse ist die Straße, in der sie wohnen, durch die sie vielleicht jeden Tag gehen. Die Geschichte dieser Straße und dieser Stadt wird ihnen nicht wohlaufbereitet serviert, sondern erwacht in dem Maße zu neuem Leben, wie unsere Reporter sie erforschen."

Jugendliche sollten zu diesem Zweck in kleinen Gruppen Plätze finden, an denen sich Widerstand ereignet hatte, sie sollten Fotos machen und Passanten interviewen. Dieses Modell von Aufbereitung der Geschichte stimmte mit unseren Vorstellungen weithin überein.

Wir beschlossen deshalb, das Stadtspiel für die Dortmunder Verhältnisse umzuarbeiten. Zunächst stellten wir fest, wo es in Dortmund z.B. Widerstand und Verfolgung gegeben hat.

Nachdem wir hinreichend Material zusammengetragen hatten, probierten wir das Spiel zunächst zusammen mit anderen Lehrern und Gruppenleitern von Jugendgruppen aus.

WIE SIEHT DAS STADTSPIEL AUS?

Da uns von vornherein klar war, daß es eine Vielzahl von Erkundungsmöglichkeiten gibt und die konkrete Auswahl vom Interesse und der Eigeninitiative der Mitspielenden abhängen sollte, beschränkten wir uns darauf, ausgehend von unseren eigenen Interessen, folgende Vorschläge für mögliche "Touren" zu machen:
- Kriegsgewinnler,
- Kriegsalltag,
- Edelweißpiraten (Widerstandsgruppen von Jugendlichen),
- Judenverfolgung,
- Arbeiterwiderstand.

Diese Touren waren so angelegt, daß sie vorwiegend in der Innenstadt durchgeführt werden konnten. Wir sind der Ansicht, daß es noch besser ist, wenn das Spiel möglichst in den Vororten, in denen die Beteiligten wohnen, durchgeführt wird. Deshalb bieten wir Stadtspieler noch einiges Material an, das die Zusammenstellung örtlicher Touren ermöglicht. Inzwischen ist in einigen Vororten auch schon in dieser Art gearbeitet worden.

Um eine sinnvolle Arbeit der Teilnehmer zu ermöglichen, hielten wir es für wichtig, daß im Laufe jeder Tour verschiedene Arbeitsschritte - nicht unbedingt in der angegebenen Reihenfolge - vorkommen sollten:

- Information (Verteilen und Lesen kurzer Berichte zum Thema; Abhören eines Tonbandes; gezielte Aufgaben im Zeitungsinstitut, Stadtarchiv, Bilbliotheken oder Buchhandlungen)
- Aufsuchen historischer Stätten (der Platz, an dem bis 1938 die Synagoge gestanden hatte; ein Luftschutzbunker; das Haus, in dem die Gestapo-Leitstelle war)
- Befragungen von Zeitzeugen (Interviews mit Passanten zu den Themen, etwa: "Sind sie dafür oder dagegen, daß das "Albert-Vögler-Haus" umbenannt wird?")
- Aktionen (eine kleine Foto-Ausstellung; Umbenennungsaktion von Straßen oder Häusern, die immer noch nach Faschisten oder Militaristen benannt sind).

BEISPIEL: KRIEGSALLTAG

Im folgenden soll etwas ausführlicher aufgezeigt werden, wie nun eine solche Tour aussehen kann, wohlgemerkt, kann. Denn wenn das Stadtspiel gelingt, werden unsere Vorschläge durch die Beteiligung der Mitspieler sicherlich verändert. Sie als Rezept zu verstehen, würde eine solche eigene Aneignung zumindest erschweren. Wir haben den Kriegsalltag deshalb ausgewählt, weil es vielleicht nicht allerorten Industrielle wie Vögler oder Edelweißpiraten gegeben hat: den Alltag hat es indessen überall gegeben.

Zur ersten Information bekommen die Jugendlichen eine Seite aus einer Dortmunder Tageszeitung aus der Nazi-Zeit, auf der nur Todesanzeigen zu finden sind. Die dazu gehörige Aufgabe lautet: Lest euch die Todesanzeigen durch. Überlegt, wieso so viele Leute so jung gestorben sind und warum so viele Anzeigen mit dem Ausdruck "durch ein tragisches Geschick" ... beginnen. Was war das damals für eine Zeit? Versucht euch ein Bild davon zu machen, indem ihr euch gegenseitig erzählt, was ihr darüber gehört habt.

Weitere Informationen können dann im Institut für Zeitungsforschung eingeholt werden. (in den meisten Stadtarchiven sind ebenfalls die lokalen Zeitungen der damaligen Zeit vorhanden.) - Wir haben einige Artikel herausgesucht, die in diesem Zusammenhang von Interesse sein können: "Etwas vom Backen" (Tips zur Herstellung von "Kuchen" trotz der knappen Lebensmittel aus Kartoffeln); "Wir werden auch diesen Schlag überwinden" (nach einem Bombenangriff).

Wie das im Alltag aussah, soll dann - verbunden mit dem Besuch einer "historischen Stätte" in der Nähe eines noch stehenden Bunkers - erfragt werden. Dort können die Stadtspieler vor allem älteren Anwohnern etwa folgende Fragen stellen: Wie viele Leute gingen in den Bunker? Wie lange und wie oft war man im Bunker? Wie sicher war der Bunker? Lebten Leute ständig in Bunkern? Wie war das für Sie, in den Bunker gehen zu müssen? Wie fanden das die Kinder?

Eine zusätzliche Möglichkeit ist, die Bewohner eines Altersheims zu besuchen. Zur Aktualisierung kann die Gruppe schließlich Spielwarengeschäfte und Kaufhäuser aufsuchen und mit Verkäufern und Kunden über die dort käuflichen Kriegsspielzeuge diskutieren. In den sich immer weiter vertreitenden Spielhallen gibt es immer mehr Spiele, in denen Panzer, Flugzeuge usw. abgeschossen werden können. An zahlreichen Kiosken werden Landserhefte in großer Zahl verkauft.

All das kann eine Gruppe kaum an einem Nachmittag schaffen. Die Gruppe sollte deshalb auswählen und das ganze Unternehmen auf mehrere Tage verteilen.

WIE DIE BROSCHÜRE UNTER DIE LEUTE GEBRACHT WURDE

Es genügt nicht, Ideen zu haben, ebenso wichtig ist es, sie zu verbreiten. So standen wir vor der Frage, ob wir unser Produkt einem Verlag anbieten sollten, ob wir darauf vertrauen sollten, daß der eine es dem anderen sagt und jeder sich selbst die Vorlagen kopiert, oder ob wir es selbst als Broschüre herausbringen sollten. Aus vielerlei Gründen haben wir uns für den letzten Weg entschieden, die Broschüre selbst hergestellt und festgestellt, daß er durchaus gangbar ist.

Der Verkauf erfolgt über alternative Buchläden, Büchertische, in Schulen, Jugendverbänden, Hochschulen und durch Selbstverkauf. Aus Gründen der besseren Verbreitung - aber auch der Finanzierung - haben wir uns dann mit dem Stadtjugendring in Verbindung gesetzt und erreicht, daß dieser uns eine bestimmte Anzahl abnahm. Der Vertrieb lief dann so gut, daß wir kurze Zeit später einen Nachdurck anfertigen konnten.

WELCHE ERFAHRUNGEN BISHER GEMACHT WURDEN

"Was an der Sache also umheimlich Spaß macht, finde ich, so überhaupt sich mit Leuten, Älteren oder jüngeren Leuten ... zu unterhalten, überhaupt mal ins Gespräch zu kommen; denn heute laufen die Leute ja alle so blind an dir vorbei, und keiner guckt dich an, und damit hat sich das ... Man war das überhaupt nicht gewohnt, mit Leuten, die man gar nicht kannte, irgendwie ein Gespräch anzufangen."

"Es ist auch irgendwie besser, wenn man die Informationen aus erster Hand bekommt, von Leuten, die das halt selbst mitgekriegt haben, oder aus Zeitungsartikeln, wo das irgendwie konkret dargestellt wird. Man ist irgendwie so live dabei."

So äußerten sich ältere Jugendliche einer kirchlichen Jugendgruppe, die sich aus den Stadtspieltouren einzelne Vorschläge heraussuchten und spielten. Sie setzten sich in einer Gruppenstunde zusammen, teilten sich die Aufgaben auf, führten das Spiel im Laufe der Woche durch und berichteten in der nächsten Gruppenstunde zwei Stunden lang über ihre Ergebnisse. Dazu gab es was zu essen und zu trinken.

Eine Gruppe blieb mehrere Stunden im Zeitungsinstitut, stöberte alte Zeitungen nach der sog. "Reichskristallnacht" durch und machte Kopien von einer Reihe Zeitungsartikel. Darüber wurde am Abend lange diskutiert, auch über die Zusammenstellung von Artikeln auf einer Seite.

"Da steht ein Artikel über, wie es hier heißt, 'Wer mit Juden Geschäfte macht ... Gefängnis für eine betrügerische Tuchjüdin', über irgendwie so'nen angeblichen Betrug ... also alles total hetzerisch. Dann steht da gleich daneben, so dadrunter, 'Wie wird das Wetter?', also, das ist für mich irgendwie total unbegreiflich, ne, ein total hetzerischer Artikel, und dann steht da 'Wie wird das Wetter?'!"

Eine Reihe Lehrer und Gruppenleiter hat das Stadtspiel bereits mit ihren Klassen und Jugendgruppen gespielt. Zwei Lehrer aus Dortmunder Vororten (Hörde und Benninghofen) änderten das Stadtspiel mit ihren 9. Hauptschulklassen so ab, daß sie in ihren Vororten spielen konnten. Die Schüler stellten im Unterricht Fragenkataloge zu den einzelnen Themen zusammen.

Am Nachmittag trafen sich dann etwa 20 Schüler aus beiden Klassen. Sie erhielten von den Lehrern Arbeitsaufgaben und Kassettenrecorder. Vier Gruppen waren ohne Lehrer unterwegs:

- Eine Gruppe befragte Senioren in einem Altersheim zum Thema "Nationalsozialismus" allgemein.
- Eine andere Gruppe befragte Leute, die früher in der HJ und andererseits in der Sozialistischen Arbeiter-Jugend waren, zum Thema "Jugend im Nationalsozialismus". Die Adressen waren vorgegeben.
- Die dritte Gruppe führte eine Befragung vor der ehemaligen Gestapo-Wache in Hörde (heute Polizeiwache) durch. Zusätzlich hatte sie noch die Adresse einer älteren Hörder Bürgerin, die auch befragt wurde. Thema war "Der Alltag und die Gestapo im Hitler-Faschismus".
- Die letzte Gruppe führte Interviews in der Hörder Innenstadt und bei Geschäftsleuten zum Thema "Juden in Hörde / Reichskristallnacht".

Alle Gruppen hatten ein bis drei informative Interviews bekommen. Bei Straßeninterviews war jedoch meist größere Ausdauer nötig. Passanten gaben an, keine Zeit zu haben oder zeigten Ablehnung gegenüber dem Thema. Solche Abneigung konnte sehr weit gehen. Eine Schülergruppe wurde in Hörde aus einen Geschäft geworfen. Die Befragung erforderte daher Geduld und die Ausdauer, andere Leute gezielt anzusprechen und nicht sofort aufzugeben.

"Interessant war für uns", so die Schüler "daß sich bei Gesprächen sehr viele ältere Menschen noch sehr genau erinnern konnten, wo beispielsweise die Hörder Synagoge stand und wo die Geschäfte waren, die jüdischen Mitbürgern gehörten. Andere Befragte lehnten dagegen ab, sich irgendwie an Judenverfolgungen während des Dritten Reiches erinnern zu können. Viele Hörder erzählten, daß sie erst nach Ende des Krieges von der Judenverfolgung erfahren haben."

Es ist wohl sinnvoll, als "Sicherung" eine Adresse, z.B. eines Widerstandskämpfers, anzugeben, bei der die Jugendlichen Informationen bekommen können. Straßeninterviews haben aber den Vorteil, daß hier die Jugendlichen keine selektierten Informationen erhalten, sie können selbst bestimmen, wen sie ansprechen, und keiner trifft eine Vorauswahl. Auch ist es besser, keinen "professionellen" Interviewpartner vorzugeben, z.B. einen altbekannten Widerstandskämpfer, der seine Geschichte schon hundert mal erzählt hat. Solche Geschichten sind vielleicht ohne Ecken und Kanten.

Bei Straßeninterviews können auch selbsterstellte Flugblätter helfen, mit denen die Passanten angesprochen werden.

Andere Erfahrungen machte eine 8. Hauptschulklasse aus einer Schule in der Dortmunder Innenstadt. Auch hier war das Stadtspiel der Einstieg ins Thema "Nationalsozialismus". Die Schüler erhielten die Stadtspielbroschüre mit den Aufgabenvorschlägen, teilten sich in Gruppen auf und suchten sich Aufgaben heraus, die sie an einem Vormittag - an dem dann die Schule ausfiel - also eine Pflichtveranstaltung für alle Schüler -, ohne Begleitung durch Lehrer bearbeiteten.

Die Gruppen waren unterschiedlich lange unterwegs, meistens lange. Die Gruppe "Edelweißpiraten" sechs Stunden, und sie erfuhr nichts Neues. "Das Thema war total beschissen. Wir haben das eben so gemacht, daß wir dann eben nur die Sachen aus den Büchern gemacht haben. Wir haben jetzt eigentlich dasselbe, was vorher auch schon bearbeitet war, das, was in dem Heft drin steht ... Eigentlich hatten wird das anders erwartet."

Bei den Straßeninterviews hat angeblich keiner etwas über die Edelweißpiraten gewußt. Auch Fragen zur Hitler-Jugend wollte keiner beantworten. "Ich würde sagen, daß die meisten Leute, die wir gefragt haben, die wußten zwar was davon, weil die ziemlich komisch geguckt haben, als wir die gefragt haben, und eben nur davor Angst haben, sich darüber zu äußern."

Auch bei anderen Gruppen kam es zu ähnlichen Problemen. Die Gruppe "Arbeiterwiderstand" versuchte herauszubekommen, wer Fritz Henßler (ein von den Nazis verfolgter und inhaftierter Sozialdemokrat) war, nach dem in Dortmund die Volkshochschule benannt ist. Weder im Fritz-Henßler-Haus, noch im Presseamt der Stadt Dortmund konnte ihnen jemand etwas erzählen. Die Jugendlichen landeten schließlich in der Stadtbücherei. Ein Schüler berichtete anschließend: "Da haben wir 20 Minuten, ne, 'ne halbe Stunde da gestanden, haben dann erst einen gekriegt, und dann hat der gesagt: 'Nee, haben wir nicht.' "

Trotzdem betonten alle, daß sie so etwas noch einmal, vor allem lieber als Unterricht machen würden, auch die "Edelweißpiraten"-Gruppe: "So etwas ist besser, weil, das ist Eigeninitiative. Da kann man jetzt besser auch sagen 'das und das machen wir jetzt, das können die anderen machen' und dann kann man also Erfahrungen austauschen, jetzt auch zwischen anderen ... Wenn man bloß Unterricht macht, dann muß man das in einem Ding durchziehen."

Größere Schwierigkeiten und Pannen traten allemal dann auf, wenn das Stadtspiel nicht gut vorbereitet wurde. Damit ist nichts als eine einführende Unterrichtseinheit zum Thema "Nationalsozialismus" gemeint. Die inhaltliche Einführung ins Thema vor Beginn des Stadtspiels muß nach unseren Vorstellungen und bisherigen Erfahrungen nicht sein. Zwei von den Hauptschulklassen, die das Stadtspiel bisher gemacht haben, arbeiten inzwischen in ihren Vororten im Sinne des Stadtspiels (Befragung von Anwohnern usw.) an eigenen Fragestellungen weiter. Der Einstieg ins Thema ist also ohne inhaltliche Vorbereitung möglich.

Dies darf den Lehrer/Gruppenleiter aber nicht zu der Annahme verleiten, das Stadtspiel ohne jegliche Vorbereitung durchführen zu können, in der Vorstellung: hier liegt etwas Fertiges vor, das mich arbeitsmäßig entlastet. Sicherlich stellt das Stadtspiel eine Entlastung dar, Quellen bzw. Hinweise auf Fundstellen sind schon da, sowie Anregungen zur Arbeit. Auf die individuellen Bedingungen einer Klasse/Gruppe muß das Stadtspiel allemal noch bezogen werden:

- Sind die Arbeitsaufgaben den Fähigkeiten und Interessen der Jugendlichen entsprechend?
- Haben sie schon mal Interviews gemacht? (So etwas läßt sich in Rollenspielen ein wenig vorbereiten und üben.)
- Sind die Arbeitsaufgaben in der Zeit, die zur Verfügung steht, zu bewältigen? Sind die angegebenen Orte zu erreichen? Haben die Büchereien, Buchhandlungen usw. geöffnet?
- Können die Aufgaben vom Wetter her durchgeführt werden? (Leute lassen sich schlecht im Regen - aber auch kaum längere Zeit im Winter - auf der Straße befragen.)

Das Stadtspiel ist kein Patentrezept. Die Broschüre enthält Materialien, Vorschläge und Anregungen - mehr nicht. Wenn Jugendliche sich die Geschichte ihrer Stadt selbst aneignen, werden sie sicherlich auch vieles an lassen, neues entdecken. Und dies ist beabsichtigt. Ein starres 'Durchspielen' im Sinne eines nach draußen verlagerten Unterrichts würde das zerstören. Von daher muß auch jeder Lehrer überlegen, ob er das Spiel vormittags als schulische Pflichtveranstaltung oder auf freiwilliger Basis am Nachmittag anbieten will.

Ein anschließendes Treffen mit einer ersten Auswertung der Ergebnisse sollte dazugehören. Schön ist es sicherlich, wie in unserem außerschulischen Beispiel, mit Essen und Trinken; wohl besser als ein Treffen in der Schule oder eine Musikfete. Man könnte zudem zu dem Treffen noch jemanden einladen, einen alten Widerstandskämpfer oder einfach jemanden, der die Hitler-Zeit miterlebt hat und darüber erzählen kann.

Auf diesem Treffen können auch weitere Aktionen (z.B. eine Straßenumbenennung oder eine Fotoausstellung) besprochen werden. So etwas wurde von den bisherigen Stadtspielern kaum geplant; ansatzweise jedoch in den Gruppen, die auf ihren Stadtteil bezogen weiterarbeiten und mit ihren Ergebnissen dann vielleicht eine Aussstellung für ihre Schule zusammenstellen.

---

*) Der vorliegende Text wurde der pad-Unterrichtseinheit "Auf den Spuren der Geschichte / Faschismus im Projektunterricht" entnommen.

30.1.33 . . . 30.1.83

DER SCHOSS IST FRUCHTBAR NOCH AUS DEM DAS KROCH (Brecht)

Gesamtschule Dortmund – Scharnhorst 20. – 27. 1. 83

Do. 20.1.83 19.30

Bauernoper
von Yaak Karsunke

eine Aufführung
der Gesamtschule

Mo. 24.1.83 19.30

Lieder von unten

mit den Stahlkochern und
der Kamener Songgruppe

Do. 27.1.83 19.30

Wenn die Mehrheit zur Minderheit wird

eine Theaterproduktion
der Gesamtschule

30.1.1933 . . . 30.1.1983

... in der Gesamtschule Dortmund-Scharnhorst

Da die Auseinandersetzung mit faschistischen Tendenzen der Gegenwart wie auch der (deutschen) Vergangenheit zentraler Gegenstand politischen Lernens ist, war die Schule - keineswegs nur der Lernbereich Gesellschaftslehre - von dem geballten Medieneinsatz betroffen, der sich mit dem Ende der Weimarer Republik befaßte. Es war zu befürchten, daß die Summe des Gedenkens weniger Aufklärung als Nebel, weniger Betroffenheit als Überdruß hervorrufen könnte.

Deshalb begann eine Koordinationsgruppe von etwa 15 Kollegen ein eigenes didaktisches Verfahren zu diskutieren. Betroffenheit der Schüler galt es zu fördern, politisches Lernen durch eigene Aktivitäten zu ermöglichen. Die Zielsetzung wurde durch Diskussionen in Jahrgangsteams und Schulkonferenz zunehmend deutlicher: antifaschistisches Engagement nicht durch abstrakte Ereignisgeschichte zu gewinnen.

Die Interessenanalyse im Stadtteil, in der Stadt, in der gesellschaftlichen Schicht, aus der unsere Schüler vorwiegend stammen, sollte nun einen neuen Ansatz ermöglichen. So mündeten die Aktivitäten schließlich in eine Veranstaltungswoche, in der die "Bauernoper" von Karsunke für den gewaltigen Aufbruch der Mehrheit des Volkes gegen den Feudalismus, ein Songabend "Lieder von unten" für den kulturellen Widerstand und die szenische Dokumentation "Wenn die Mehrheit zur Minderheit wird" (Eigenproduktion) für die Auseinandersetzung einer Dortmunder Arbeiterfamilie mit dem Nationalsozialismus und der Restauration nach '45 stand. Parallel dazu zeigte die Schule eine Ausstellung "Auf Seiten der Mehrheit" aus den Bereichen Kunst, Satire, Fotografie, Journalismus.

Kollegen, Zuschauer und auch die Stadt (!) finanzierten das ganze Unternehmen. Sicher ist nicht in allen Teilen der Schule eine umfassende Wirkung erreicht worden, bedenkt man jedoch das fast ausnahmslos günstige Echo der Öffentlichkeit, das hohe und spontane Engagement sehr vieler Kollegen und großer Schülergruppen, so darf als sicher gelten, daß die "Denk- und Aktionswoche" für viele ein Ort politischen Lernens gewesen ist und nicht eine hausgemachte Ergänzung kalenderbedingter Kollektivschau.

(aus: Gesamtschul-Kontakte, 2/1983)

Ferdinand Fall:

EINE LANZE FÜR DIE UNSCHULD

Vorbemerkung:
Schüler und Lehrer haben in der Gesamtschule Dortmund-Scharnhorst nach Befragung von Widerstandskämpfern und intensivem Aktenstudium (1) im Januar 1983 ein Stück erarbeitet und aufgeführt, das sie eine szenische Dokumentation genannt haben. Titel: Wenn die Mehrheit die Minderheit wird.
Die engagierte lokalgeschichtliche Optik und der Versuch, Geschichte "von unten" zu sehen, fanden trotz bewußt einfacher szenischer, schauspielerischer und musikalischer Mittel viel anerkennende Beachtung. Der Autor des folgenden Beitrags nun bricht dort eine Lanze, wo es dem applaudierenden Publikum offenbar an "kritischem Pluralismus" fehlte, der sich bekanntlich nicht durch Emotionen sondern nur durch gründliche Faktenkunde einstellt. Doch bleibt der Autor gelassen; er hält es mit dem orientalischen Spruch: Zwar bellen die Hunde, doch die Karawane zieht weiter. (die Hrsg.)

VORSPIEL

Sprecher: Und so sprach Adolf Hitler am 27.1.1932 vor dem Industrieclub in Düsseldorf: "Sie haben die Auffassung meine Herren, daß die deutsche Wirtschaft aufgebaut sein müsse auf dem Gedanken des Privateigentums. Nun, Sie können einen solchen Gedanken des Privateigentums praktisch nur dann aufrecht erhalten, wenn er irgendwie auch logisch fundiert erscheint."

Chor der Industriellen: Wie wahr er spricht, haben nicht wir die großen Konzerne geschaffen?
Was aber vermag der einfache Arbeiter?
Wir müssen ihm sein Häuschen bauen, damit er ruhen kann vor der Arbeit!

Sprecher: Damit muß zugegeben werden, daß die Menschen wirtschaftlich nicht auf allen Gebieten von vornherein gleich wertvoll, gleich bedeutend sind. Es ist ein Widersinn, wirtschaftlich das Leben auf dem Gedanken der Leistung, des Persönlichkeitswertes, damit praktisch auf der Autorität der Persönlichkeit aufzubauen, politisch aber diese Autorität der Persönlichkeit zu leugnen und das Gesetz der größeren Zahl, die Demokratie, an dessen Stelle zu schieben.

Chor der Industriellen: Die Herrschaft des Volkes, sie ist das Übel, der Tüchtige soll herrschen im Reich! Die Tüchtigen aber sind wir!

Sprecher: Wenn wir nicht wären, gäbe es schon heute in Deutschland kein Bürgertum mehr, die Frage: Bolschewismus oder nicht Bolschewismus wäre schon lange entschieden!

Chor der Industriellen: Er hat kein Programm. Was tut's. Das haben wir selbst. (Lachen) Aber die Richtung stimmt. Wir nehmen ihn.

1. Industrieller: Wir sind uns schon lange einig!
(Hebt den rechten Arm): Heil!
Ich bin Walter Dyckerhoff. Wir, die Wirtschaftspolitische Vereinigung

---

1) Auf leicht zugängliche Hilfsmittel wird in dem Beitrag "Hinweise für Projekte" eingegangen.

Frankfurt am Main haben am 27. Juli 1931 an den Reichspräsidenten geschrieben: "Greifen Sie in das Rad der Geschichte ein. Unvereinbar mit der Verfassung wird heute die weitaus stärkste Partei, die NSDAP, von jedem Einfluß ausgeschaltet. Die nationale Opposition ist Deutschlands letzte Reserve."

2\. Industrieller: Heil! Ich, Carl Friedrich von Siemens habe am 27. Oktober 1931 vor der General Electric Company in New York gesagt: "Wir halten den Sozialismus in erheblichem Maß für verantwortlich für den augenblicklichen Stand der deutschen Finanzen. Nationalsozialismus ist gegen die ungezügelte Vorherrschaft des Parlamentarismus gerichtet, wie sie leider in unserer Verfassung vorgesehen ist. Das deutsche Volk ist für diese Form der Demokratie nicht reif."

3\. Industrieller: Heil! Ich, Otto Steinbrück vom Flick-Konzern habe an Hitlers Wirtschaftsberater geschrieben, am 11. Dezember 1931: "Herr Baron Kurt von Schröder, Mitinhaber des Bankhauses Stein in Köln steht seit mehreren Jahren der ganzen Bewegung nahe. Uns beschäftigt naturgemäß die Stellungnahme der Partei zur Frage der Auslandsverschuldung. Wenn Sie einige Minuten Zeit ..."

4\. Industrieller: Heil! Albert Vögler! Mir gehört mit Springorum (Hoesch), Silverberg (Rheinische Braunkohle) usw. die Deutsche Allgemeine Zeitung. Wir werden am 7. März schreiben lassen: "Uns imponiert am Nationalsozialismus viel eher sein Nationalismus als sein Sozialismus. Hitlers großes Verdienst besteht darin, die nationale Idee in die Köpfe gehämmert zu haben ..."

5\. Industrieller: Heil! Mein Name ist Hjalmar Schacht, Bankier, Reichsbankpräsident, Freundeskreis der Wirtschaft der NSDAP:
Ich werde am 29. August 1932 dem Führer schreiben: "Bringen Sie möglichts kein detailliertes Wirtschaftsprogramm, Wirtschaftspolitik ist keine parteibildende Kraft. Es kommt allein darauf an, aus welchem Geist sie geboren wird."

6\. Industrieller: Heil! Generaldirektor Paul Reusch, Gutehoffnungshütte. Habe mir am 12. Juli 1930 Denkschrift über Faschismus vorlegen lassen. Darin heißt es, "daß der Faschismus sich bemüht, dem Privatkapitalismus eine festere Grundlage zu geben. Auf dieses Ziel wirkt der Faschismus vor allem dadurch hin, daß er den Klassenkampf" (den unten) (lacht) "scharf bekämpft, die Gemeinwirtschaft ablehnt und die Leitung unbedingt dem privaten Unternehmer zuerkennt."

7\. Industrieller: Heil! Ich bin Direktor Dr. Bütefisch, IG Farben. Wir werden den Führer im Sommer einladen, um seine Stellung zum Leuna Hydrier-Benzin zu testen. Der Führer wird sagen: "Das deutsche Motoröl muß Realität werden. Unser Weg ist der gleiche und ich hoffe, daß dieser Weg bald zu einer gewaltigen Stärkung unseres Deutschlands führt."

8\. Industrieller: Heil Hitler! Auf Wunsch des Führers habe ich, Wilhelm Keppler, Großaktionär in der Chemie, einen Freundeskreis der NSDAP gegründet. Ihm gehörten schon 1932 an: Schröder (Bankhaus Stein); Meyer (Dresdner Bank); Reinhart (Commerzbank); Vögler (Vereinigte Stahlwerke); Steinbrück (Flick); Hecker (Ilseder Hütte); Rosberg (Wintershall); Schmidt (Kali-Syndikat); Bismarck von der Landwirtschaft; Bingel (Siemens)

einzeln aus der Menge: Helffererich (Hapag); Schacht, Bütefisch (IG-Farben); Blessing (Deutsche Bank), Flick (Flick)

8\. Industrieller: Danke, meine Herren!

5\. Industrieller (Schacht): Wir werden am 12. April 1932 eine Arbeitsstelle der Wirtschaft zur Überprüfung der wirtschaftspolitischen Ansichten des Nationalsozialismus anregen.
Herr Reusch wird mit mir die Kosten tragen.
(Reusch, 6. Industrieller, nickt).

Industrielle (abwechselnd):

Das Ergebnis ist klar.
Wir brauchen keine Gewerkschaften.
Wir brauchen Rüstung.
Wir müssen Herr im Hause bleiben.
Mit Krise und Hitler!

(einer unwillig:) Nicht zuviel ausplaudern!
(alle:) Es kann losgehen.

Sprecher: Brief der Industriellen an den Reichspräsidenten Paul v. Hindenburg vom 19. November 1932:

"Ew. Exzellenz, Hochzuverehrender Herr Reichspräsident!
Gleich Eurer Exzellenz durchdrungen von heißer Liebe zum deutschen Volk und Vaterland, haben die Unterzeichneten die grundsätzliche Wandlung, die Eure Exzellenz in der Führung der Staatsgeschäfte angebahnt haben, mit Hoffnung begrüßt. Mit Eurer Exzellenz bejahen wir die Notwendigkeit einer vom parlamentarischen Parteiwesen unabhängigen Regierung, wie sie in dem von Eurer Exzellenz formulierten Gedanken eines Präsidialkabinetts zum Ausdruck kommt.
Wir bekennen uns frei von jeder engen parteipolitischer Einstellung. Wir erkennen in der nationalen Bewegung, die durch unser Volk geht, den verheißungsvollen Beginn einer Zeit, die durch Überwindung des Klassengegensatzes die unerläßliche Grundlage für einen Wiederaufstieg der deutschen Wirtschaft erst schafft. Wir wissen, daß dieser Aufstieg noch viele Opfer erfordert. Wir glauben, daß diese Opfer nur dann willig gebracht werden können, wenn die größte Gruppe dieser nationalen Bewegung führend an der Regierung beteiligt wird."

Liebe Leser, Sie werden einräumen müssen, daß diese zitierte Passage betroffen macht. Wir haben einmal alle Zitate nachgeschlagen. Zwar ist hier und da mit pointierender Wirkung gekürzt, doch ist korrekt zitiert.
Dennoch, es kann ja so nicht sein. Sicher sind viele von den Genannten in Nürnberg vor Gericht gestellt worden, haben auch das Prädikat "Hauptkriegsverbrecher" erhalten, doch - bis auf Speer - sind sie alle schon 1951 entlassen worden. So schlimm, so einfach kann es demnach nicht gewesen sein. (1)
An wissenschaftliche Arbeit gewöhnt haben wir also begonnen, Literatur heranzuziehen, die sich fachlich kompetent mit der Wirtschaftsgeschichte befaßt. Beschränken wir uns auf solche, die in der Bundesrepublik erschienen ist und daher Vertrauen verdient. Hier, dies sei vorweggenommen, wird sich zeigen, wie schnell der wirklich Gutwillige der Wahrheit hätte auf die Spur kommen können.
Hans Josef Joest schreibt über den älteren Reusch: "Bereits die Reichstagspräsidentenwahl im Jahre 1932 offenbarte die Abneigung, die Paul Reusch gegen Adolf Hitler hegte. Die 'Münchener Neueste Nachrichten', mehrheitlich in den Händen der GHH (Gutehoffnungshütte; d. Verf.), machten kein Hehl aus ihren Vorbehalten gegenüber dem radikalen Trommler. Nach der Machtübernahme durch die Nazis lehnte Paul Reusch

---

1) Entlassen wurde übrigens 1951 auch Schwerin v. Krosigk, s.u. Er ist nicht einmal in die Kurzbiographien des Kapitalistenfressers Reinhard Kühnl (Der deutsche Faschismus in Quellen und Dokumenten, Köln 1980 / 5. Aufl., S. 513 ff.) aufgenommen.

kategorisch eine Teilnahme der GHH-Werke an 'Leistungskämpfen' ab, wie sie die "Deutsche Arbeitsfront" inszenierte.
Zugleich führte Reusch einflußreiche Industrielle und Landwirte, wie Albert Vögler, Carl Friedrich von Siemens, Fritz Thyssen oder Hjalmar Schacht in einer Runde zusammen, in der offene Gespräche über die Nazi- Diktatur möglich waren. Dieser "Reusch-Kreis" besaß enge Verbindungen zu dem Leipziger Oberbürgermeister Carl Goerdeler, der späteren Zentralfigur des Widerstandes gegen Adolf Hitler." (2)

Es fällt den aufmerksamen Leser auf, daß der genannte "Reusch-Kreis" sich weitgehend mit dem "Freundeskreis der NSDAP" überschneidet. Doch konnte der Unkundige nicht wissen, daß unter dieser Tarnkappe - und nur hier - "offene Gespräche über die NS-Diktatur möglich waren". Auch der Übelwollendste wird einräumen müssen, daß viele der großen "kantigen" (Joest) Industrieführer (wie ja auch Goerdeler) ihre Zuneigung zur alten DNVP im Herzen bewahrt hatten. Der Vorwurf, diese Männer hätten Nazis oder Kriegsverbrecher sein können, wird so als durchsichtige Hetze entlarvt.

Angesichts dieser überzeugenden Deutung des späteren Reusch-Kreises ist es schon schamlos, wenn im oben zitierten Bühnenstückchen der 4. Januar 1933 (Hitler und Papen verhandeln beim Bankier Schröder in Köln) oder der 7. Januar 1933 (Hitler, Heß, Göring verhandeln beim Großindustriellen Kirdorf) zu denkwürdigen Daten der Verschwörung von Kapital und Faschismus stilisiert werden, die aus Panik über die November-Wahl und das Ende der Krise Hitler noch schnell an die Macht bringen wollte. Ist es nicht vielmehr verständlich, daß auch die Herren der Wirtschaft wissen mußten, wie sie die Segnungen des freien Unternehmertums gegen eine ("national")sozialistische Arbeiterpartei durchsetzen konnten? Die Zahlungen an die NSDAP (etwa über Schröders Bankhaus Stein) hat damals jeder richtig verstanden.

Nun zu Goerdeler: Er war sicherlich ein Mann mit Grundsätzen. Als Reichspreiskommissar schrieb er schon am 7.9.1933 in einem Memorandum für den Reichswirtschaftsminister Schacht, der auf diesem Posten zäh Widerstand gegen Hitler leistete: "Die schwerste Fessel für eine natürliche Wiederbelebung der Wirtschaft sehe ich in der Wahnsinnsvorstellung, daß zu allen Zeiten unter allen Umständen mehr als 8 Stunden nicht gearbeitet werden braucht, um existieren zu können." Wer von uns hätte das nicht auch heute sagen können?

Und weiter unten: "Aus psychologischen und wirtschaftsorganisatorischen Gründen erscheint mir eine völlige Abkehr von dem Bisherigen erforderlich. Je rücksichtsloser und je entschlossener die Abkehr erfolgt, umso wunder-

---

2) Hans-Josef Joest: Pionier im Ruhrrevier. Gutehoffnungshütte - Vom ältesten Montan-Unternehmen Deutschlands zum größten Maschinenbau-Konzern Europas. Stuttgart Degerloch 1982. Dieses Buch wird dankenswerter Weise von einer opfersinnigen Industrie gratis an die Schulen verschickt. Joest fokussiert zu recht nicht auf unselige Zeiten. Die NS-Zeit bekommt 2 von 238 Seiten, incl. zweier Bilder, die das Positive betonen. So kommt Geschichte wieder ins Lot.

FINANZIELLE ZUWENDUNGEN AN DIE NSDAP 1930 - 1933

Zusammengestellt nach Angaben von August Heinrichsbauer und Louis P. Lochner*

1927	Emil Kirdorf leistet eine einmalige Zahlung von 100.000 RM. Fritz Thyssen hat der NSDAP nach eigenen Angaben insgesamt 1.000.000 RM gezahlt. Vor 1930 wird die NSDAP nur in "unbedeutender Höhe" unterstützt. Thyssen spendet so 150.000 RM für das "Braune Haus". 1930/31 zahlt Thyssen dreimal je 50.000 RM an Göring.
1931	Die laufende Subventionierung beginnt im Frühjahr 1931. Die Unterstützung des "Vereins für die bergbaulichen Interessen" wird an Gregor Strasser gezahlt in einer monatlichen Höhe von 10.000 RM. Walther Funk erhält monatlich 1.000 RM
1931/32	Zechen des Essener Bezirks zahlen 50.000 - 60.000 RM. Der Arbeitgeberverband Nord-West zahlt 200.000 RM (darunter 100.000 RM für die Wahl im Frühjahr 1932 und 100.000 RM für die Essener "Nationalzeitung").
1932	W. Funk erhält 100.000 RM, die auch zur Unterstützung des Wahlkampfes anläßlich der Reichtstags-Wahl im Frühjahr bestimmt sind. Thyssen zahlt 100.000 RM an W. Funk. Flick zahlt 50.000 RM. Zur Herbstwahl 1932 erhält die NSDAP kein Geld von seiten der industriellen Spitzenverbände des Ruhrgebietes
1930/33	Der "Verein für die bergbaulichen Interessen" hat (einschließlich der Zahlungen an G. Strasser und W. Funk) 500.000 - 600.000 RM an die NSDAP gezahlt.
1933	Für die Märzwahl 1933 zahlen rund zwanzig meist führende Industrielle des Ruhrgebiets (darunter Krupp und Albert Vögler) 3.000.000 RM, die entsprechend der relativen Stärke unter NSDAP, DVP und DNVP aufgeteilt werden.
1930/33	Fritz Thyssen ("I paid Hitler", New York/London 1941, S. 134) schätzt die Zahlungen der Schwerindustrie an die NSDAP auf jährlich 2.000.000 RM. Vor 1933 wird die NSDAP daneben noch finanziert von: - Herbert Kauert (Schwiegersohn Emil Kirdorfs), - Ernst Tengelmann und Söhnen (Generaldirektor der Essener Steinkohlen AG), - Otto Steinbrinck (Bevollmächtigter des Flick-Konzerns) zahlt maximal 40.000 RM, - Otto Wolff (Kölner Industrieller) zahlt 1932, nach Eberhard Czichon, 180.000 RM an G. Strasser, - Albert Vögler (Präsident des "Vereins Deutscher Eisenhüttenleute").

aus: Eike Hennig: Bürgerliche Gesellschaft und Faschismus, Frankfurt 1977

*) Lochner, ein amerikanischer Journalist, ist in der Weimarer Republik und im "Dritten Reich" journalistisch und zeitweise als Angestellter der US-Botschaft in Berlin tätig gewesen. Heinrichsbauer ist Schriftsteller des Rheinisch-Westfälischen Pressedienstes gewesen, der vom Bergbau und der Eisen- und Stahlindustrie des Ruhrgebiets finanziert wurde. In der Endphase der Weimarer Republik fungierte Heinrichsbauer als Mittelsmann der Ruhrindustrie zu politischen Parteien und Verbänden der Rechten in Berlin.

barer wird die Wirkung sein ... Ich schlage also vor, die Verordnung über das Tarifvertragswesen laut Anlage zu ändern. Der einzelne Unternehmer erhält freie Hand, mit seiner Belegschaft die Arbeitsbedingungen festzusetzen. Schon dadurch wird er gezwungen, den nationalsozialistischen Gedanken zu verwirklichen und seiner Belegschaft vollkommenen Einblick in Zweck, Stand und Möglichkeiten des Unternehmens zu gewähren. Hier beginnt die gleichzeitige Erziehungsarbeit der Deutschen Arbeitsfront." (3)
Hier zeigt sich, um dies gleich anzuschließen, die echte Sorge, das wahre Ringen um das Wohl der Menschen, die die Krise so tief in ihrem Vertrauen zum alten System erschüttert hatte. Auch später, als andere längst opportunistisch auf den Ausgang des Krieges schielten (4) - vertritt Goerdeler als Sprecher der Widerstand leistenden "Deutschen Gruppe", die ihn zum Reichskanzler zu machen gedachte, gegenüber der britischen Regierung folgende Friedensziele im Interesse eines jeden Deutschen:

"2. Bestätigung der vor dem Kriege erfolgten Anschlüsse von Österreich, Sudetenland, Memelland an Deutschland.
3. Wiederherstellung der Grenzen Deutschlands von 1914 gegenüber Belgien, Frankreich, Polen.
...
5. Rückgabe der deutschen Kolonien oder gleichwertiger Kolonialgebiete unter gleichzeitiger Errichtung eines internationalen Mandatarsystem für alle Kolonien." (5)

Solch eines Mannes Freund zu sein, beweist allein eine unüberwindliche Feindschaft zu Adolf Hitler.
Um es einmal klar zu sagen: Es konnte nicht Aufgabe der deutschen Industrieführer sein, Hitler zu verhindern oder zu stürzen. Sie hatten schließlich für Millionen deutsche Arbeiter zu sorgen und später für Millionen Fremdarbeiter und Schutzhäftlinge Arbeit und Brot zu beschaffen. Es ist ihnen um so höher anzurechnen, daß sie in der zweiten Hälfte des Krieges einen unübersehbaren Kontakt zu ihrem Vertreter im deutschen Widerstand aufrechterhielten. Es sollte auch nicht vergessen werden, daß Industrieführer wie Speer und Vögler trotz ihres Eides auf Hitler den Befehl "zur verbrannten Erde" in den letzten Kriegstagen nicht noch "zur verbrannten Industrie" sich ausufern ließen.
Ein anderes wirtschaftsgeschichtliches Genre vertritt Johann Ludwig (Lutz) Graf Schwerin von Krosigk, der schon früh eine umfassende Wirtschaftsgeschichte vorgelegt hat. (6)
Der Industriekurier urteilt (lt. Klappentext): "Die Bedeutung dieses großangelegten Werkes besteht in einer gründlichen Auswertung und in der um-

---

3) aus: U. Hörster-Phillips: Wer war Hitler wirklich? Köln 1978, S. 213 f.
4) So jener unselige Fritz Thyssen, der die deutsche Industrie durch seine Flucht und sein Buch "I paid Hitler" ins Gerede brachte. Ein Buch, das gottseidank nicht mehr zu kaufen ist.
5) Friedensplan Goerdelers zur Übermittlung an die britische Regierung, vom 30. Mai 1941. In: W. Hofer: Der Nationalsozialismus, Frankfurt 1957, S. 340
6) Lutz Graf Schwerin von Krosigk: Die große Zeit des Feuers, der Weg der deutschen Industrie, 2. Bd., Tübingen 1958

fassenden Übersicht der Faktoren, die für die Entwicklung der deutschen Industrie im 19. Jahrhundert charakteristisch sind und auch für ihre weitere Zukunft, wie wir jetzt seit 1945 erlebt haben, durchschlagend geblieben sind." Und das Sonntagsblatt: "Ein Werk, das uns gefehlt hat!".
Der parteilose Schwerin von Krosigk, der von 1932-45 u.a. Reichsfinanzminister war und somit ein kenntnisreicher und unverdächtiger Zeuge der Geschichte ist, berichtet hier und da über das Verhältnis großer Wirtschaftsführer zum Nationalsozialismus. Er weist wie Joest auf den Hinauswurf der Reuschs aus dem GHH-Vorstand hin, übersieht allerdings den wahren Grund: ihre Gegnerschaft zu Hitler. Stattdessen weist er etwas nickelig auf die Wirtschaftskämpfe zwischen dem Antifaschisten und Wehrwirtschaftsführer Albert Vögler (Stahlverein) und den Reuschs (GHH) hin. (7)
Über Krupp berichtet Krosigk zutreffend, daß der amerikanische Hohe Kommissar Mc Cloy, der seit 1949 im freien Teil Deutschlands für den Abwehrkampf der USA in Korea warb, bevor er 1953 Vorsitzender der Chase Manhattan Bank wurde, im Jahre 1951 einen Teil des Nürnberger Urteils gegen Krupp aufhebt "da, 'bei dem Angeklagten Krupp keine persönliche Schuld zu finden sei, die ausreichen würde, ihn über alle durch die Nürnberger Gerichte Verurteilten herauszuheben'". (8)
Taktvoll übergeht Schwerin von Krosigk die Nürnberger Beschuldigungen, um der Familie Krupp nicht alte Wunden aufzureißen, einer Familie, die wahrlich schwer getroffen war. "Ein Drittel der Gebäude (in Essen, F.F.) wurde im zweiten Weltkrieg vollständig zerstört, ein weiteres Drittel beschädigt. Der Bombenschaden belief sich auf 500 bis 600 Millionen RM."
Ausführlich wird in dem Werk Albert Vöglers vertrauensvolle Zusammenarbeit mit Brüning gewürdigt, auch wenn die Industrie Brüning schließlich nicht mehr halten konnte, da dieser mit den marxistischen Unruhen im Reich nicht fertig wurde.
Die 1933 unter Beteiligung des Reiches durchgeführte Konzentration der Eisen- und Stahlindustrie und ein entsprechend großer Steuernachlaß werden folgerichtig als rein wirtschaftliche Notwendigkeit gewertet. Weiter unten schreibt der kenntnisreiche Autor: "Die Vorstellung, ... (Vögler, F.F.) habe vor 1939 auch nur an Krieg gedacht, ist absurd. Ebenso widersinnig ist es, sich diese Männer, die den Nationalsozialismus mit ständig wachsenden Vorbehalten betrachteten, als Förderer Hitlers vorzustellen ... Er konnte sich Hitlers Politik nicht anders als einen riesigen Bluff vorstellen. Aber Vögler war letzlich ein unpolitischer Mensch, sein Denken war ein rein wirtschaftliches. Um seine industriellen Ziele zu erreichen, glaubte er auch mit Hitler Fühlung halten zu müssen." (9) Damit ist denn auch hinreichend und unverdächtig aufgeklärt, warum Vögler in einem einzigen Quellenband siebenmal als einer der führenden Betreiber des Dialogs zwischen Industrie und Bewegung erscheint, warum er zu den Gründern des

---

7) Ebenda, S. 452
8) Ebenda, S. 481
9) Ebenda, S. 512

A-I-Z
ERSCHEINT WÖCHENTLICH EINMAL • PREIS 20 PFG., Kc 1,60
30 GR., 30 SCHWEIZER RP. • V. b. b. • NEUER DEUTSCHER
VERLAG, BERLIN W 8 • JAHRGANG XI • NR. 42 • 16. 10. 1932
DER SINN DES
HITLERGRUSSES:
Motto:
MILLIONEN
STEHEN
HINTER MIR!
Kleiner Mann bittet um große Gaben

Freundeskreises Keppler, dem späteren Freundeskreis des Reichsführers SS Himmler gehört hat, warum er im Westen Speers zweiter Mann wurde. Schwerin von Krosigk selbst ist, wie seine eigene Laufbahn beweist, ein politischer Mensch, er kann aber auch menschliche Wärme zeigen: "Als der letzte Kampf Dortmund erreichte, erwartete Vögler in dem Haus Ende, das er sich vor Jahren gebaut hatte und dessen Name nun so eine schicksalhafte Bedeutung gewann, die letzte Szene des Dramas. Als ihn im April 1945 amerikanische Soldaten verhafteten, setzte er seinem Leben ein Ende. Er wurde von seinem Chauffeur im Garten des Hauses begraben." (10)
Die bescheidene 60-Zimmer-Villa mit ihrem schönen Park beherbergt übrigens heute, nachdem sie lange von der Arbeiterwohlfahrt zweckentfremdet worden war, eine Dienststelle der Bundeswehr, die hier horribile dictu Wehrdienstverweigerer zu sozialisieren trachtet.
Vielleicht stehen dort heute noch, wie vor einigen Jahren, die Einmannbunker der SS-Wachen.

Um die Rolle der deutschen Industrie in finsterer Zeit richtig zu sehen, sollten wir noch einen Blick in Mönnichs schönes Werk über Hoesch werfen. (11) Wohltuend zitiert der Autor, anders als die Stückemacher oben, den entscheidenen Punkt aus einer Denkschrift der Industrie von 1931 an den Reichskanzler, "die ... neben den Namen Krupp von Bohlen, Klöckner, Silverberg, Vögler, von Siemens, Bücher, E. von Borsig und Paul Reusch auch die Unterschrift Fritz Springorums (Hoesch, F.F.) trug. 'Gewinn', heißt es darin, 'gilt heute schon fast als ein Makel ...; umgekehrt aber nimmt man die ungeheuren Verluste, die das deutsche Unternehmertum erlitten hat und täglich erleidet, gleichgültig als eine Selbstverständlichkeit hin und beunruhigt sich erst dann, wenn andere Berufsgruppen darunter leiden.'"
Welch ein aktueller Stoßseufzer! Allerdings zeigt sich auf den nächsten Seiten, daß die Mitbestimmung (12) - es handelt sich hier um eine harmonische Festschrift - dazu führt, daß auch politische Vorgänge erwähnt werden müssen. Nun warum auch nicht, desto klarer wird, wie groß die Distanz zwischen dem deutschen Unternehmertum und der Barbarei tatsächlich ist. Bis zu dessen Selbstverleugnung geht dann auch die folgende Passage:

> "Wenn am 27. August 1947, als alles vorbei war, der amerikanische Hauptankläger (Cief of Council for War Crimes), Brigadegeneral Telford Taylor, in Nürnberg sagte: 'Ohne die Zusammenarbeit der deutschen Industrie und der Nazi-Partei hätten Hitler

---

10) Ebenda, S. 513
11) Horst Mönnich: Aufbruch ins Revier - Aufbruch nach Europa. Hoesch 1871 - 1971, München 1971
12) Auch wenn es heutigen Ohren grob klingt, ist nicht etwas dran, an der Weisheit der alten Unternehmer? Joest (a.a.O.) zitiert den alten Kirdorf ("Weder Kaiser noch Könige haben in den Betrieben etwas zu sagen. Da bestimmen wir allein.") und C.F. Stumm ("Wenn ein Fabrikunternehmen gedeihen soll, so muß es militärisch, nicht parlamentarisch organisiert sein."), S. 118 f.

BLICKWINKEL ... (I)

Goerdeler Carl, * 31.7.1884 Schneidemühl, † 2.2.1945 Berlin-Plötzensee; führender Teilnehmer der Verschwörung vom 20. Juli 1944. Der Sohn eines Amtsrichters und Landtagsabgeordneten studierte Rechtswissenschaften. Nach dem Militärdienst und Referendarzeit war er 1913/14 stellvertretender Oberbürgermeister von Solingen. Von 1914 bis 1919 war G. in der deutschen Militärverwaltung der besetzten russischen Gebiete tätig. Nach Rückkehr von dem illegalen "Grenzschutz" trat er der DNVP bei und übernahm 1920 das Amt des 2. Bürgermeisters in Königsberg. Auch seit 1930 als Leipziger Oberbürgermeister zeigte er sich als Vertreter der äußersten Rechten. 1931 ernannte ihn Hindenburg zum Reichspreiskommissar. 1932 trat G. für die Aufnahme von Naziführern in die Reichsregierung ein und unterstützte 1933 die Errichtung der faschistischen Diktatur. Hitler übertrug ihm 1934 erneut das Amt eines Preiskommissars. Dabei wirkte G. aufs engste mit der Reichsgruppe Industrie zusammen. Außerdem saß er selbst als Aufsichtsratsmitglied in mehreren Aktiengesellschaften, u.a. im Mansfelder Revier. 1937 ließ sich G. pensionieren. Der Grund waren abweichende Meinungen in taktischen Fragen zu der von den Nazis eingeschlagenen Politik. G. wurde Finanzberater und Berliner Repräsentant des Boschkonzerns. Von 1937 bis 1939 unternahm er mehrere Auslandsreisen, die vom Krupp- und Boschkonzern finanziert waren. In seinen Reiseberichten warnte G. vor einer zu aggressiven Wirtschaftspolitik, empfahl Verhandlungen und ein Arrangement mit den Westmächten zur Neuaufteilung der Welt, jedoch eine bewaffnete Auseinandersetzung mit der UdSSR. Mit diesen Auffassungen war G. Sprecher bestimmter imperialistischer Kräfte, die vor Ausbruch des Krieges einen Zweifrontenkrieg zu vermeiden suchten. Von 1943 an nahm er verstärkt Verbindungen zu Kreisen auf, die eine imperialistische Diktatur ohne Hitler befürworteten und ihn als neuen Reichskanzler nominierten. Innenpolitisch erstrebte G. die brutale Unterdrückung aller progressiven Kräfte. Seine Vorstellungen über die staatliche Struktur, das Wahlsystem und die Verfassung gingen weit hinter die Verhältnisse vor 1918 zurück. Zeitweilig erwog er sogar die Wiedererrichtung der Monarchie. G.s Bekenntnis zu einer Führungselite und seine Verachtung des Volkes spiegelten sich auch in der Ablehnung jedes Kontaktes mit der antifaschistischen Bewegung wider. Außenpolitisches Ziel G.s war, die im zweiten Weltkrieg eroberten Gebiete zu behalten und Kolonien zu gewinnen sowie die imperialistischen Staaten unter deutscher Führung zum Kampf gegen die UdSSR und den sozialen Fortschritt zu vereinen. Wegen dieser reaktionären Ziele wandten sich realer denkende Kräfte der Verschwörung, vor allem die um Claus Graf Schenk v. Stauffenberg, gegen G. Die imperialistische Fronde, deren Repräsentant G. war, wollte durch das Attentat auf Hitler am 20.7.1944 den deutschen Imperialismus und Militarismus vor der gesetzmäßigen Niederlage retten. Als der Putsch scheiterte, konnte sich G. bis zum 12.8.1944 verbergen. Nach umfangreichen Aussagen wurde er am 8.9.1944 zum Tode verurteilt. Dennoch bot er sich in mehreren Denkschriften dem zugrundegehenden Naziregime als Berater an. G. wurde am 2.2.1945 in Berlin-Plötzensee hingerichtet.

K. Drobisch

aus: Biographisches Lexikon zur deutschen Geschichte. Von den Anfängen bis 1945. Berlin (Ost) 1970 (2. Aufl.)

Goerdeler, Carl Friedrich, 1884-1945; deutscher Widerstandskämpfer. Am 8. September 1944 wurde der Hauptträger und Organisator der deutschen Widerstandsbewegung gegen Hitler vom Volksgerichtshof zum Tode verurteilt, nachdem er, den die Gestapo als "wichtigste Person des gesamten Zivilsektors" unter Aussetzung eines Kopfgeldes von einer Million verfolgt hatte, nach wochenlanger Flucht am 12. August in seiner westspreußischen Heimat verhaftet worden war. G. entstammte einer altpreußisch-konservativen Beamtenfamilie. In der Zeit der Weimarer Republik hatte er sich als führender Kommunalpolitiker, Bürgermeister von Königsberg und seit 1930 als Oberbürgermeister von Leipzig einen Namen gemacht. 1934/35 stellte er sich in der Hoffnung, mäßigenden Einfluß ausüben zu können, Hitler, der ihn sehr umwarb, als Preiskommissar zur Verfügung; doch wandte er sich von Anfang an offen gegen die Ausschreitungen der Nationalsozialisten. Der vergebliche Protest gegen die Beseitigung des Mendelssohn-Denkmals in Leipzig veranlaßte ihn, am 1. April 1937 in den Ruhestand zu treten. Seit diesem Zeitpunkt wirkte er fast ausschließlich für die aktive Oppositionsbewegung. Gedeckt und unterstützt durch die Firma Bosch in Stuttgart, unternahm er bis zum Hochsommer 1939 weltweite Reisen, die durch Friedensbemühungen, Darstellungen der innerdeutschen Zustände, Appelle an die Machthaber im eigenen Staat bestimmt wurden und denen sich nach Kriegsausbruch die Abfassung zahlreicher Denkschriften und Pläne für Deutschlands Zukunft anschloß. G. war der Überzeugung, daß ohne einen Zusammenbruch des Hitlerregimes Recht und Anstand nicht wieder zur Herrschaft gelangen würden, glaubte jedoch bis zuletzt, auf legale Weise durch einen öffentlichen Appell an Rechtlichkeit und Vernunft zum Ziel zu gelangen, ja selbst Hitler durch persönliche Aussprache vielleicht zu freiwilligem Rücktritt bewegen zu können. So gehörte er aus religiösen und rechtlichen Gründen zu den Gegnern eines Attentats, drängte aber mit allem Nachdruck auf eine möglichst rasche "Tat". Durch seinen ausgedehnten Freundeskreis hatte er Beziehungen zu fast allen Gruppen der Opposition. Seine Ideen zur Neugestaltung Europas im Sinne eines europäischen Staatenbundes, sein Bekenntnis zum Weimarer Staat, zur Selbstverwaltung und Mitverantwortung der Arbeiterschaft ließen ihn, trotz einzelner Differenzen, den Mitgliedern des Kreisauer Kreises, aber auch führenden Gewerkschaftlern (Leuschner, Jakob Kaiser, Leber) nahestehen. Auch stand er in enger Verbindung mit dem militärischen Sektor und versuchte wie wohl kein anderer, die widerstrebenden Generale anzutreiben und immer neue Verbindungen aufzunehmen. Als Reichskanzler in einer künftigen Regierung Beck vorgesehen, wurde er nach dem Scheitern des Staatsstreichversuches am 2. Februar hingerichtet.

Lit.: Ritter, G.: Carl Goerdeler und die Deutsche Widerstandsbewegung, Stuttgart 1954

aus: Geschichte in Gestalten, hrsg. von Hans Herzfeld, Bd. 2, Frankfurt 1963, S. 110/11

BLICKWINKEL ... (II)

FLICK, Friedrich,
Unternehmer, * Ernsdorf (Siegerland) 10.7.1883, † Konstanz 20.7.1972, entwickelte nach 1920 einen der größten dt. Montankonzerne bes. mit Stein- und Braunkohlenbesitz und einer Rohstahlkapazität von 2 Mio. Jahrestonnen. Kriegsbedingt ging der größte Teil des Vermögens verloren. Nach 1951 baute F. die Flick-Gruppe auf.

aus: Der große Brockhaus in zwölf Bänden, Bd. 4, 1978 (18. Aufl.), S. 117

FLICK, Friedrich
(1883-1972); Großindustrieller; Hauptaktionär zahlreicher Montanbetriebe; Mitgl. des "Freundeskreises der Wirtschaft" der NSDAP; 1947 vom IMT* zu 7 Jahren Haft verurteilt, wegen "Kriegsverbrechen" und "Verbrechen gegen die Menschlichkeit"; seit 1951 in der BRD wieder Konzernführer.

aus: Reinhard Kühnl: Der deutsche Faschismus in Quellen und Dokumenten, Köln 1980 (5. Aufl.), S. 517
*) IMT = Abkürzung für "Internationales Militärtribunal"

und seine Parteigenossen niemals die Macht in Deutschland ergreifen und festigen können, und das Dritte Reich hätte es nie gewagt, die Welt in einen Krieg zu stürzen', so war ein solches Verdammungsurteil auf Ansichten gegründet, die die komplexe Wirklichkeit des Dritten Reiches nicht sahen oder nicht sehen wollten. Die Behauptung, an einer Verschwörung teilgenommen zu haben - wie die Anklage in Nürnberg es den symbolisch für die ganze deutsche Industrie gestellten Industrieführern vorwarf -, schloß die absurde Unterstellung ein, der deutsche Unternehmer habe, als er in der Krise von 1931/32 nach dem starken Mann rief und dabei Hitler in die engere Wahl zog, im vornherein von der Perfidie dieses Mannes und der verbrecherischen Struktur seiner Politik gewußt. An ein solches Märchen konnte wohl keiner von denen, die diese Anschuldigung trugen, ernsthaft glauben. Schwerer wog der Vorwurf, die deutsche Industrie habe mit Hitler zusammengearbeitet. Aber Zusammenarbeit schließt immer den freien Entschluß beider Partner ein, die zusammenarbeiten. Und Wirtschaft und Industrie wurden gleich in den Anfangstagen des tausendjährigen Reiches belehrt, daß davon für sie keine Rede sein konnte." (13)

Das, lieber Leser, muß auch dem radikalsten Kritiker reichen. Wer von der deutschen Wirtschaft mehr verlangt, stört die Grundlagen unserer Ordnung. Wir sollten wissen und anerkennen, daß nur der sittlich Große zu solcher Selbstzerfleischung fähig ist. So war schon vor vielen Jahren zu lesen, "daß in Deutschland der Widerstand gegen Hitler nicht Sache der durchschnittlichen Staatsbürger, also der Masse des Volkes sein konnte, sondern nur Sache der überall seltenen Persönlichkeiten mit weitem politischen Horizont und mit dem Mut zu einem selbstverständlichen sittlichen Radikalismus." (14)

---

13) ebenda, S. 282
14) Helmut Krausnick / Herman Graml: Der deutsche Widerstand und die Alliierten. Schriftenreihe der Bundeszentrale für Heimatdienst, Bonn 1962, S. 7

Vertrauen wir also darauf, daß die besten unseres Volkes wiederum rechtzeitig zu einem 20. Juli fähig sein werden (15). Wenden wir uns der Gegenwart zu, und lassen wir die Toten ruhen.
Ein Kundiger unserer Tage möchte uns vor Unheil warnen:

> "Der Weg zur Macht führt nicht mehr über das Schlachtfeld, die politische Intrige, die blutige Revolution, sondern über die schleichende Infiltration. Der Marsch durch die Institutionen ist viel bequemer als Hannibals Marsch über die Alpen oder Maos langer Marsch, er läßt sich in klimatisierten Räumen, im Achtstundentag mit Pensionsberechtigung und ohne eigenes Risiko durchführen."

Was gibt es angsichts solch Menetekels noch zu tun?

> "Wir sollten begierig dem Siegeszug des Mikroprozessors folgen ... Die Technik ermöglicht den mündigen Bürger. Schritte auf diesen Weg könnten sein: das Kabelfernsehen ... So wird zweifellos die Technik von morgen dazu beitragen, die Demokratie zu vervollkommnen. Eine vertiefte Urteilsfähigkeit und ausgedehnte Informationen zerstören den Rest von Manipulierbarkeit ... Es ist einleuchtend, daß bei einem solchen Zustand Demokratien diktatorische Machtstrukturen, die sich in ihnen zu bilden versuchen, auflösen und Heilslehren, die verführen anstatt zu helfen, entlarven. Faschistische und faschistoide Systeme wie Kommunismus oder andere Diktaturen, die nur einseitige Information tolerieren, werden in der geistigen Auseinandersetzung unterliegen." (16)

Seien wir zuversichtlich: dank der unaufhaltsamen Fürsorge der großen Idealisten in Industrie und Filz wird alles Gute besser zueinanderfinden denn je, das Prinzip des Bösen hat ausgespielt. Anders als Marx gemeint hat, werden wir das "Ende der Geschichte" erleben. (17)

> Qui si concvien lasciare ogni sospetto
> Ogni viltà convien che qui sia morta
>
> (Dante, com. div.) (18)

---

15) Hier kann selbstverständlich nicht der 20. Juli 1932 gemeint sein. (Anm. d. Hrsg.!)

16) Klaus Knizia: Energie, Ordnung, Menschlichkeit, Düsseldorf/Wien 1981, S. 252 f. Knizia ist Vorsitzender der VEW und wirkt in vielen Gremien der Strom- und Atomindustrie. Auch dieses Buch kann man - sicher im Sinne aller VEW-Kunden - leicht kostenlos erhalten.

17) Anm. der Hrsg.: Marx spricht im "Vorwort zur 'Kritik der politischen Ökonomie'" vom Abschluß der "Vorgeschichte der menschlichen Gesellschaft".

18) "Hier mußt du allen Zweifel ertöten,
Hier ziemt sich keine Zagheit fürderhin."

A. Paul Weber: Optimismus ist Feigheit (1934)

Johannes Kallmeyer:

FREMDARBEITER UND KRIEGSGEFANGENE IM DEUTSCHEN REICH (1939 - 1945)

In der Anklageschrift des Nürnberger Prozesses findet sich unter den Anklagepunkten 3 und 4 (Kriegsverbrechen und Verbrechen gegen die Menschlichkeit) ein Abschnitt, der sich mit dem "Sklavenarbeitsprogramm" beschäftigt. Dieses Thema hat bislang in der Geschichtswissenschaft vergleichsweise wenig Interesse gefunden.
Trotz der Tatsache, daß es angesichts der "Stern-Misere" angeraten erscheint, sich bezüglich der Aussagen über die Umschreibung der Geschichte des Nationalsozialismus zurückzuhalten, kann dennoch behauptet werden, daß es sich bei der Analyse der "Sklavenarbeit" wahrscheinlich um das "letzte große" Thema des Nationalsozialismus handelt, das Massenphänomene zum Gegenstand hat.
Verdrängt und vergessen wurde und wird die Bedeutung der Arbeit von Millionen Ausländern im Reich für die deutsche Kriegswirtschaft; das Elend und Sterben der Ausländer in dieser Zeit wird aufgerechnet mit der Vertreibung der deutschen Bevölkerung aus den Ostgebieten, den Erfahrungen der Kriegsgefangenen in Sibirien etc. Im Zuge der Aufarbeitung des "alltäglichen Faschismus" und des "Widerstandes" der Bevölkerung, insbesondere der Arbeiterklasse, bleibt die Anpassung der Arbeiterklasse an das System, die Beteiligung an der Unterdrückung der Ausländer, das "große Versagen der deutschen Arbeiterklasse" (Kuczynski) unberücksichtigt.

1. DIE ENTWICKLUNG DES ZWANGSARBEITEREINSATZES

Mit der Vorbereitung des Krieges ging die Planung der Organisation des Arbeitseinsatzes im Krieg einher. Dabei setzte sich die Auffassung Hitlers durch, daß auf eine weitgehende Mobilisierung deutscher weiblicher Arbeitskräfte auf jeden Fall verzichtet werden sollte, um nicht Situationen/ Probleme zu schaffen, wie sie 1917/18 in der deutschen Rüstungsindustrie aufgetreten waren. Die notwendigen Arbeitskräfte sollten vielmehr von dem zu erwartenden Reservoir an Kriegsgefangenen und freiwilligen Fremdarbeitern gestellt werden. (Dieser Verzicht auf die Mobilisierung weiblicher Arbeitskraft, der nur aus den invividuellen, teilweise irrationalen Vorstellungen Hitlers zu erklären ist, bildete ein spezifisches Charakteristikum der deutschen Kriegswirtschaft während des gesamten Krieges.)
Neben der Phase der Vorbereitung des Arbeitseinsatzes können drei Phasen des Zwangsarbeitereinsatzes unterschieden werden:

- "Blitzkrieg"-phase 1939 bis Winter 1941/42
- Ära Speer/Sauckel 1942 bis Sommer 1944
- die letzten 10 Monate des Regimes.

Mit Beginn des Krieges vergrößerte sich der Mangel an Arbeitskräften in dem Maße, in dem der Bedarf der Wehrmacht an Menschen wuchs. Besonders gravierend wurden die Probleme, als nach der Aufgabe der Blitzkriegkonzeption die Wirtschaft auf Kriegswirtschaft umgestellt wurde und gleichzeitig mehr Arbeiter aus den Betrieben abgezogen wurden. Bis Mitte Mai 1940 wurden über 4 Mill. Arbeitskräfte zur Wehrmacht eingezogen, dennoch wurde auf eine weitgehende Ausnutzung vorhandener deutscher Arbeitskraft und eine Umstrukturierung der Wirtschaft verzichtet. Durch die rasche Niederschlagung Polens schien allerdings - mittels Kriegsgefangener und ziviler Arbeitskräfte - das Problem des akuten Arbeitskräftemangels gelöst. Unter den Bedingungen des "totalen Krieges" traten dann die Probleme wiederum verstärkt auf.

ZIVILE UND MILITÄRISCHE ZWANGSARBEITER (Angabe in Tausend)

Stichtag 31.5.	Zivilisten	Kriegsgefangene	gesamt
1939	300	-	300
1940	800	350	1.150
1941	1.750	1.270	3.020
1942	2.640	1.470	4.110
1943	4.640	1.620	6.260
1944	5.300	1.830	7.130

nach Angaben aus: Pfahlmann, S. 134 ff.; Homze, S. 233 ; Kuczynski, S. 277

Die Statistik verdeutlicht, daß die Ausweitung der Zwangsarbeit ab 1943 abnahm (Steigerung von 1942 auf 1943: 2,1 Mill.; dagegen von 1943 auf 1944 "nur" noch rund 0,8 Mill. - entgegen dem Plan, der eine Steigerung von 3,5 Mill. vorsah), wobei zweifelsohne ein Zusammenhang mit dem Kriegsverlauf und der stärkeren Mobilisierung deutscher Arbeitskräfte (Verlängerung der Arbeitszeit, Heimarbeit, Erfassung und Einsatz von Rentnern) besteht. Vergleicht man die Zahlen über den Arbeitseinsatz der deutschen Arbeitskräfte, die Zahl der Wehrmachtsangehörigen und die Zahl der Zwangsarbeiter, zeigt sich einerseits die Bedeutung für die Kriegswirtschaft, andererseits die strukturelle Veränderung der Arbeiterschaft.

	1941	1942	1943	1944 / Angaben in Mill.
Wehrmacht (Verluste)	7 (0,2)	8,6 (0,8)	9,6 (1,7)	9,1 (3,3)
dt. Arbeitskräfte (Männer/Frauen)	33,1	31,3	30,2	28,4
ausl. Arbeitskräfte	3,0	4,1	6,2	7,1

zusammengestellt nach Angaben aus Kuczynski, S. 282 und R. Wagenführ, S. 45

Besonders das Jahr 1942 erhält erhebliche Bedeutung, da die Verluste der Wehrmacht übermäßig stiegen und nicht nur der Ersatzbedarf, sondern auch der Bedarf an zusätzlichen Kräften stetig Arbeitskräfte aus den Betrieben abzog, die durch Ausländer ersetzt wurden.

Die Bedeutung des Jahres 1942 zeigt sich auch in der Einsetzung des Gauleiters Fritz Sauckel zum Generalbevollmächtigten für den Arbeitseinsatz (GbA) am 21.3.1942 und der in den Monaten März bis Mai 1942 erfolgten Reorganisation des Zwangsarbeitereinsatzes, die einherging mit der Rationalisierung und Zentralisierung der Wirtschaft.
Die Veränderung des Arbeitseinsatzes der Ausländer zeigt sich jedoch nicht nur auf der quantitativen Ebene, sondern auch qualitativ, d.h. in der Verteilung der Ausländer auf einzelne Wirtschaftsbereiche:

VERTEILUNG DER AUSLÄNDISCHEN ZWANGSARBEITER AUF WIRTSCHAFTSBEREICHE
(Angabe in Mill.)

	1939	1940	1941	1942	1943	1944
Landwirtschaft	0,12	0,68	1,46	2,0	2,3	2,6
Industrie	0,11	0,26	0,97	1,4	2,8	3,2
Handwerk	0,03	0,11	0,31	0,3	0,4	0,5
Verkehr	0,02	0,04	0,10	0,2	0,3	0,4
Verwaltung u. Dienste	0,01	0,03	0,09	?	?	?
häusl. Dienste	0,01	0,02	0,03	?	?	?
übrige Wirtschaft				0,3	0,5	0,4

zusammengestellt nach Kuczynski, S. 253 und Seeber, S. 42 f.

Deutlich zeigt sich, daß in der Anfangsphase des Zwangsarbeitereinsatzes die Ausländer vornehmlich in der Landwirtschaft eingesetzt wurden, erst seit 1942 ist ein deutliches Ansteigen des Ausländeranteils in der Industrie feststellbar.

Zusammenfassend läßt sich festhalten, daß, obwohl bereits drei Tage nach Kriegsbeginn die ersten Dienststellen der deutschen Arbeitsämter in Polen tätig waren und das Rekrutierungssystem zügig ausgebaut wurde, von einer gezielten Planung in der Anfangszeit nicht gesprochen werden kann. Äußerliches Kennzeichen der "chaotischen" Arbeitseinsatzpolitik waren die "wilden Werbungen" der Firmen und die widersprüchliche Politik gegenüber den Polen (Vertreibung, Vernichtung der Oberschicht und Intelligenz, Umsiedlungsaktionen, Deportation ins Reich). Diese verschiedenen Maßnahmen, die miteinander konkurrierten, und deren wechselnde Vorrangigkeit eher zufällig bestimmt war, belegen, daß der Nationalsozialismus gegenüber Polen (und später den Sowjetbürgern) eine "an sich" widersprüchliche Politik betrieb, die teilweise auch im Widerspruch zu den Interessen der Wirtschaft stand.
Kennzeichnend für die erste Periode ist auch, daß die Polen bis Mitte 1941 den größten Anteil (bis zu 60 %) an Zwangsarbeitern stellen. Anknüpfend an die Traditionen polnischer Saisonarbeiter wurden die Polen vor allem in der Land- und Forstwirtschaft und im Bergbau beschäftigt.
Mit dem Krieg gegen die Sowjetunion, der massenhaften Deportation der Bevölkerung und dem Scheitern der Blitzkriegkonzeption änderte sich auch der Arbeitseinsatz der Zwangsarbeiter.
Bezeichnend für diese Veränderung ist der Beginn der "Ära Speer/ Sauckel".

Mit der Zentralisierung des Arbeitseinsatzes und dem Kriegsverlauf ging ein Anwachsen des Ausmaßes der Zwangsarbeit einher, das auch die Zusammenstellung der Zwangsarbeiterschaft veränderte.
Der Anteil der Polen an der Zwangsarbeiterschaft sank bis 1944 auf 29 %. Die Zahl der sowjetischen Bürger, die man ins Reich deportiert hatte, betrug dagegen in derselben Zeit 38,7 %. Zahlenmäßig stellten Polen und Sowjetbürger im September 1944 über Zweidrittel der deportierten Ausländer.
Zugleich änderte sich der Arbeitseinsatz der Ausländer, die nun vermehrt nicht nur in der Industrie allgemein, sondern mehr und mehr in der verarbeitenden Industrie und der Rüstungsindustrie eingesetzt wurden. Auf diese Weise wurde die Zusammensetzung der Belegschaft in einzelnen Produktionsbereichen drastisch verändert. Obwohl der Zwangsarbeitereinsatz wegen des zunehmenden Arbeitskräftemangels eine immer größere Bedeutung für die Wirtschaft erhielt, bedeutet dies nicht, daß sich dadurch auch die soziale Lage der Ausländer, d.h. vor allen Dingen ihr Entgelt als Arbeitskraft, unbedingt änderte; so blieb z.B. die Sterberate bei den sowjetischen Kriegsgefangenen auf Grund der Verpflegung über das Jahr 1942 hinaus extrem hoch.

2. DIVIDE ET IMPERA

Entsprechend der nationalsozialistischen Rassenideologie und politischen Zielsetzung wurden die Kriegsgefangenen und zivilen Zwangsarbeiter einem unterschiedlichen System arbeitsrechtlicher und polizeirechtlicher Bestimmungen unterworfen.
Da sich die Bestimmungen der Haager Landkriegsordnung und des Abkommens über die Behandlung der Kriegsgefangenen beim universellen Arbeitseinsatz der Gefangenen als hinderlich erwiesen, wurden in der Anfangsphase französische und polnische Kriegsgefangene aus der Gefangenschaft entlassen, allerdings unter der Auflage, daß sie als zivile Arbeitskräfte im Reich blieben. (Für die sowjetischen Kriegsgefangenen galt diese "Vergünstigung" nicht, vielmehr wurde der postulierte "Vernichtungskampf" gegen den "Weltfeind" so geführt, daß von den 5,7 Mill. sowjetischen Kriegsgefangenen ca. 3,3 Mill. = 57,8 % in deutscher Kriegsgefangenschaft starben.)
Arbeitsrechtlich wurden die zivilen Arbeitskräfte aus befreundeten oder verbündeten Staaten, Arbeitskräfte aus den besetzten west- und nordeuropäischen Staaten (Sammelbegriff: Westarbeiter) den deutschen Arbeitern gleichgestellt.
Für Polen, die zusätzlich noch in die Gruppen: Polnische Minderheitsangehörige, "Ruhrpolen", Westarbeiter polnischen Volksstums und Zivilpolen eingeteilt wurden, galt das deutsche Arbeitsrecht nur insoweit, als dieses besonders bestimmt wurde. (Insbesondere fielen dadurch Lohnzahlungen für Überstunden, Familienzuschläge, Sonn- und Feiertagszuschläge und eine Reihe von Unfallverhütungsvorschriften fort.)

Zusätzlich traten Bestimmungen in Kraft, die es den Polen verboten, Kinos und Gaststätten aufzusuchen, Radios zu besitzen, Fahrräder oder öffentliche Verkehrsmittel zu benutzen, die Religion auszuüben etc.; hinzu kam die Kennzeichnungspflicht mit dem "P" auf der Kleidung.
Neben den besonderen Bestimmungen, die für Polen erlassen wurden und auch für die "Ostarbeiter" galten, wurde für die Sowjetbürger ein "Arbeitsrecht besonderer Art" geschaffen.

Neben der Differenzierung der Zwangsarbeiterschaft, die vor allem in den letzten 10 Monaten des Nationalsozialismus weiter aufgebaut wurde, wurden die nationalen Unterschiede zwischen den verschiedenen Nationalitäten bewußt geschürt. Innerhalb dieses Systems erfüllten die deutschen "Kollegen" ihre Vorarbeiter-, Wach-, Kontrolleur- und Zuträgerfunktionen. Durch diese Entwicklung bedingt wurde die deutsche Arbeiterschaft nicht nur an das System angepaßt, sondern durch die Beteiligung an der Unterdrückung der Zwangsarbeiter wurde die Arbeiterschaft selbst politisch korrumpiert und trug zur Schaffung und Erhaltung einer "Pariaschicht" bei.

AUSWAHLBIBLIOGRAPHIE

a) Quellen

Aurel BILSTEIN: Fremdarbeiter in unserer Stadt. Kriegsgefange und deportierte "fremdvölkische Arbeitskräfte" 1939 - 1945 am Beispiel Krefeld, Frankfurt 1980

Documenta Occupationis Bd. IX: Polzenie polskich robotników przymusowych w rzesny 1939 - 1945, Zachodni (dt. Quellen im Original)

Documenta Occupationis, Bd. X: Praca pryzymusowa polakow pod panawaniem hitlerowskim 1939 - 1945, Zachodni 1976 (dt. Quellen im Original)

Robert MÜLLER (Hrsg.:) Deutsche Besatzungspolitik in der UdSSR, Köln 1980

b) Sekundärliteratur

Willi A. BOELKE: Deutschlands Rüstung im Zeiten Weltkrieg. Hitlers Konferenzen mit Albert Speer 1942 - 1945, Frankfurt 1969

Janis BRODSKI: Im Kampf gegen den Faschismus. Sowjetische Widerstandskämpfer im Hitlerdeutschland 1941 - 1945, Berlin 1975

Martin BROSZAT: Nationalsozialistische Polenpolitik, Frankfurt 1972

Laurenz DEMPS: Zahlen über den Einsatz ausländischer Zwangsarbeiter in Deutschland im Jahre 1943, in: ZfG 21. Jg. / 1973, Heft 7, S. 830 - 843

Klaus DROBISCH / Dietrich EICHHOLTZ: Die Zwangsarbeit ausländischer Kräfte in Deutschland während des II. Weltkrieges, in: ZfG 18. Jg. / 1970, S. 626 - 639

Gerhard EISENBLÄTTER: Grundlinien der Politik des Reiches gegenüber dem Generalgouvernement 1939 - 1945, Frankfurt 1969

E.L. HOMZE: Foreign Labour in Nazi Germany, Princeton 1967

Sekundärliteratur (Forts.)

Gregor JANSSEN: Das Ministerium Speer. Deutschlands Rüstung im Krieg, Berlin / Frankfurt 1968

Christoph KLESSMANN: Polnische Bergarbeiter im Ruhrgebiet, Göttingen 1978

Jürgen KUCZYNSKI: Die Geschichte der Lage der Arbeiter unter dem Kapitalismus, Bd. 6, Darstellung der Lage der Arbeiter in Deutschland von 1933 - 1945, Berlin 1964

Alan S. MILLWARD: Die deutsche Kriegswirtschaft 1939 - 1945, Stuttgart 1966

H. PFAHLMANN: Fremdarbeiter und Kriegsgefangene in der deutschen Kriegswirtschaft 1939 - 1945, Darmstadt 1968

Eva SEEBER: Zwangsarbeit in der faschistischen Kriegswirtschaft. Die Deportation und Ausbeutung polnischer Bürger unter besonderer Berücksichtigung der Lage der Arbeiter aus dem sogenannten Generalgouvernement 1939 - 1945, Berlin 1964

Alfred STREIM: Die Behandlung sowjetischer Kriegsgefangener im Fall Barbarossa. Eine Dokumentation, Heidelberg 1981

Christian STREIT: Keine Kameraden. Die Wehrmacht und die sowjetischen Kriegsgefangenen 1941 - 1945, Stuttgart 1978

aus: Vorwärts v. 28.1.1982

S. SPRING, DIE KLEINE STIMME DES VOLKSMUNDS

Vorbemerkung

Der politische Witz hat im Verbund mit dem unspezialisierten Witz feste Regeln. Häufig haben Witze über lange Zeit Bestand, allenfalls die Personen oder Daten werden ausgetauscht. Daneben gibt es aber auch die treffsichere Satire, die aufklärerische Verleumdung und den ohnmächtigen Sarkasmus.

Der folgende Beitrag will einige Beispiele vorstellen und Fragen stellen. Die Quellenlage und die noch nicht hinreichend erforschte Alltagswelt im Faschismus tragen noch keine schlüssige politische Ästhetik des antifaschistischen Witzes. Immerhin: Auch im NS-Staat gab es politische Subkultur. In einer Subkultur gibt es Subjekte - nicht nur Objekte. Subjekte aber tragen Verantwortung.

1.

Auch wenn man etwas durchschaut hat, kann man immer noch behaupten, man habe nur hindurchgeschaut!

Goebbels: Mein Führer! Ich melde 8.000 SA-Männer im Sportpalast angetreten und 8.000 vor dem Sportpalast - macht zusammen achtundachtzigtausend SA-Männer!

*

Ein Volksgenosse: "Gestern habe ich Göring in der Leipziger Straße gesehen."
Ein anderer: "So? Wo hat es denn da gebrannt?"

*

"Wer sind die besten Fotografen?"
"Mussolini entwickelte, Hitler kopierte, Goebbels vergrößerte."

*

Schon 1933:

"Hitler ist sehr musikalisch." - "Warum?"
"Er fing mit Händel an, kam mit Liszt zur Regierung und endet mit Grieg!"

*

1934:

Keine Kartoffeln im Keller,
Kein Fleisch auf dem Teller,
Einprozentiges Bier:
Führer wir folgen dir!

Was will man mehr! Der professionelle Lügner Goebbels, die bedenkenlose Übertreibung, der es auf ein paar Nullen nie ankam, der Reichstagsbrandstifter Göring, das Parvenühafte, Epigonale des NS-Staatstheaters, die

Hintertreppe zur Macht, der Krieg als Ziel, die erzwungene Stagnation des Lebensstandards auf Krisenniveau ... alles ist drin. Doch wer hat diese Witze erzählt? Arbeiter, Intellektuelle, Katholiken, alle Juden, bewußte Antifaschisten?

2.

Ein Berliner Straßenhändler wird für 14 Tage eingesperrt, er hatte seine Ware angepriesen:

"Hering - so fett wie Göring!"

Claire Walldorf bekommt Ärger für die neue Strophe ihres Chansons:

"Rechts Lametta - links Lametta,
Und der Bauch wird imma fetta!
In de Luft, da issa Meesta -
Hermann heeßta! Hermann heeßta!

*

Tünnes bringt seinen Volksempfänger zum Kölner Dom.
Schäl: "Wo willste mit dem Dinge hin?"
Tünnes: "In d'r Dom. De soll bichten. Ich jlöv, dä lüggt!"

*

Hindenburgs Testament heißt: Josefslegende.

Ist das wirklich schon politisch? Kann nicht auch ein Spitzname wie "Et Zementpfötge" (Goebbels hinkte!) von Popularität zeugen?
Ganz sicher sind die unzähligen Scherze über die Homosexualität Röhms, über den Schürzenjäger Goebbels und den blutigen Operettenmarschall und Reichsjägermeister Göring eher verharmlosend, ja häufiger geht die gezielte Hetze von Amt und Partei Bündnisse mit Vorurteilen des Publikums ein (Judenwitze, Bemerkungen über Homosexualität, moderne Kunst, Ausländer, Demokratie etc.).

3.

Anlaß zu oft sehr treffenden Bemerkungen bieten immer wieder die allzu offensichtlichen Unterschiede zwischen Propaganda und Wirklichkeit und die grenzenlose Scharlatanerie, die die Einheit von Volk und Führung vorspiegeln soll.
Ein Preisausschreiben für den besten politischen Witz verspricht:

1. Preis: - 3 Jahre Zuchthaus
2. Preis: - 2 Jahre Konzentrationslager
3. Preis: - Besichtigung der Gestapokeller in der (Berliner) Prinz-Albrecht-Straße mit anschließendem Verhör.

Goebbels theatralische Auftritte gegen Ende des Krieges veranlassen die wehrwütigen Berliner Volksgenossen den "Schrumpfgermanen" zum "Schuttpatron" zu ernennen. Zugleich wurde der Satz kolportiert:

"Wenn England nicht die Terrorangriffe auf schutzlose deutsche Städte einstellt, wird Dr. Goebbels eine vernichtende Vergeltungsrede halten."

4.

Auch über den korrupten Parteisumpf machte man sich keine Illusion:

"Wer waren die ersten Nationalsozialisten?"
"Weiß nicht."
"Die heiligen Drei Könige."
"Warum?"
"Sie folgten dem Stern, legten die Arbeit nieder und setzten sich an die Krippe."

Auf die Märzgefallenen paßt:

"Was bedeutete NSDAP?"
"Na, suchst Du auch 'nen Posten?"

Wenig Gegenliebe fand die Propaganda zum monatlichen Eintopfsonntag:

"Welches Eintopfgericht ist in Deutschland am meisten verbreitet?"
"Gedämpfte Zungen!"

oder:

"Wenig Hirn, viel Kohl, mit brauner Soße immer wieder aufgewärmt."

5.

Es gibt schließlich auch den politischen Witz, der den Mächtigen nicht nur die Luft abläßt, sondern der auch Gegenmacht, Aufklärung und Widerstand sein möchte.
Dem populären Münchner Komiker Weiß Ferdl wird neben vielen anderen satirischen Nummern die folgende zugeschrieben:

"Heut wär' ich beinah zu spät gekommen. Ich habe nämlich einen Ausflug nach Dachau gemacht. Da schaut's aus! Stacheldraht - Maschinengewehre - Stacheldraht und wieder Maschinengewehre! Aber das sag' ich - wenn i will - i kumm nein!"

In Arbeiterkreisen sang man nach dem Lohnstopp und in schmerzhafter Kenntnis der offiziell geleugneten Inflation bei Konsumgütern:

"Die Preise hoch, die Löhne stark gedrosselt ..."

Gegen Kriegsende zeigt nicht nur die ambivalent kriegsverwahrloste Jugend, daß sie sich nicht grenzenlos vereinnahmen läßt, auch die Bemerkungen der Älteren werden wieder schärfer, spiegeln häufig aber auch eine gewisse Enttäuschung, daß es mit der deutschen Größe wieder einmal nichts werden würde.

Optimist: "Wir verlieren den Krieg!"
Pessimist: "Na ja, aber wann?"

*

Lieber Tommy fliege weiter,
Hier sind nur die Ruhrarbeiter.
Flieg doch lieber nach Berlin,
Denn da haben sie "ja" geschrien!

Dies Gedicht zeugt allerdings nicht gerade von klassenkämpferischem Edelmut und übersieht zudem die Tatsache, daß die mitbetroffenen Berli-

"Mutti, wo fahren die vielen Leute denn hin?"
"Aufs Land."
(Aus: Kurt Halbritter: Adolf Hitlers Mein Kampf)

ner Arbeiter in ihrem Widerstand keinesfalls hinter den Kumpels zurückstehen.

> Der Rheinländer Goebbels ruft in Köln an.
> Tünnes: "Hier Köln-Rest."
> Goebbels: "Da habe ich falsch gewählt"
> Tünnes: "Dat haben wir alle."

*

Auf den Waggons der Reichsbahn stand: "Räder müssen rollen für den Sieg." Der Widerstand ergänzte: "Achsenbruch verkürzt den Krieg!"

Den immer realitätsferneren Wehrmachtsberichten galt der Satz: "Feindliches U-Boot über Berlin abgeschossen."

Zum Thema Terror:

> "Eha jlobe ick an den Endsiech, als daß ick mia die Rübe abhack'n laß!"

Dennoch haben wohl nicht alle daran geglaubt:

> "Wer für die NSDAP fünf neue Mitglieder wirbt, darf aus der Partei austreten. Für zehn kriegt er bescheinigt, daß er nie in der Partei war."

Noch bitterer im Inserattyp:

> "Biete goldenes Parteiabzeichen - suche jüdische Großmutter."

Doch nicht erst Endsieg und Wunderwaffe schärfen den Blick. Hier eine sehr frühe, klassenbewußte Äußerung:

> Die Arbeiter der IG-Farben beklagen sich bei Hitler, daß sie immer noch hintenan stehen müßten, während die Großkopfeten vorne dran seien.
> Hitler beruhigt: "Wartet nur bis ich meinen Krieg führe, dann sollt ihr alle vorn stehen und die Großkopfeten hinten."

6.

Es mag sein, daß wir mit der vorangegangenen Zusammenstellung einer einseitig kritischen Überlieferung aufsitzen, viele üble Äußerungen, die Pendants zu den heutigen Türkenwitzen, dürften ausgefiltert sein, mag auch sein, daß politische Witze nur einen Bruchteil der Alltagskommunikation ausmachen, doch weist ihre vielleicht auch nur dürftige Existenz immerhin nach, daß die faschistische Herrschaft noch nicht total war, daß der common sense vieler Großstädter, die älteren Bindungen landsmannschaftlicher oder konfessioneller Art, daß die Lehrhaftigkeit des historischen Prozesses und der Widerstand gestandener Antifaschisten weiter wirksam waren und wurden.
Es zeigt sich aber auch, daß zwischen Beherrschten und Herrschenden Wechselwirkungen, ja fast dialogische Strukturen bestehen.
Terroristisch und plagiatorisch haben die Nazis und ihre Hintermänner Macht und Muff der Zeit gebündelt - mit Marschieren, Volksempfänger, Hugenbergs Matrizen und Goebbels Presselenkung, mit den Apparaten der Geheimpolizei und den Registern von Meldebehörden und Pfarrämtern

(Ariernachweis!). Wie stünde diese Zusammenballung von Macht, Terror und Unrat heute da?! Für Goebbels die Breibandverkabelung, für Himmler die Datenbanken und den maschinell lesbaren Personalausweis zur Schleppnetzfahndung und für den Gröfaz* schließlich die taktischen und untaktischen Waffen ... Noch ein bißchen Dioxin für die IG-Farben?

Vergangenheitsbewältigung / aus: ötv-magazin Nr. 6 / 1978

---

*) = volkstümliche Abkürzung für die auf Hitler gemünzte Bezeichnung "Größter Feldherr aller Zeiten"

WO KANN MAN WAS FINDEN?

Im privaten Bereich: z.B. in Familiendokumenten, im Fotoalbum, im Bücherschrank, auf dem Dachboden, im Keller, bei Verwandten und Bekannten, bei älteren Bürgern des Ortes.

Im öffentlichen Bereich: z.B. in Staats-, Stadt-, Gemeinde-, Kirchen-, Werks-, Vereins-, Partei- und Zeitungsarchiven; in Büchereien und Museen, in Rathäusern, in Arbeitsämtern, Pfarrämtern, Stadt-, Kreis- und Stadtbildstellen, Schulen, Betrieben, Zeitungsredaktionen, Vereinsgeschäftsstellen, Gewerkschaftshäusern und Parteibüros. Besonders wichtige Ansprechpartner können die jüdischen Gemeinden, die Organisationen der Verfolgten sowie ältere Mitglieder der Parteien und Gewerkschaften sein, aber auch ehemalige Mitglieder der NSDAP oder ihrer Organisationen.

WAS KANN MAN FINDEN?

Im privaten Bereich: z.B. persönliche Urkunden? Ahnentafeln, amtliche und persönliche Briefe, Ansichtskarten, Tagebücher, Fotos, Kinder- und Jugendbücher, Schulbücher und -hefte, Romane, Zigarettenbilderalben, Zeitungsartikel.

Im öffentlichen Bereich: z.B. Gesetze, Verordnungen, Bekanntmachungen, amtliche Berichte und Niederschriften, Statistiken; Stadt- und Gemeindechroniken, Berichte und Dokumente der örtlichen Dienststellen; Polizeiberichte, Lage- und Stimmungsberichte; Anklageschriften und Urteile (Durchschriften gibt es oft auch im privaten Bereich); Zeitungen und Zeitschriften; Schulchroniken und -ordnungen, Werkszeitungen, Firmengeschichte; Flugblätter und illegale Druckschriften; alte Stadtpläne (Namen von Straßen, Plätzen, Gebäuden), Bauten (Architektur, veränderte Nutzung), Kasernen, Gefängnisse, KZ-Lager und ihre Außenkommandos, Arbeitslager, Fremd- und Zwangsarbeiterunterkünfte.

aus: Schülerwettbewerb Deutsche Geschichte, Alltag im Nationalsozialismus: Vom Ende der Weimarer Republik bis zum Zweiten Weltkrieg, Hamburg: Kurt A. Körber-Stiftung, 1980/81, S. 5 f.

*

"Zur Anregung und für die politische Praxis jedes Einzelnen, für Arbeitskreise und Initiativen, denen der 30. Januar Anlaß ist, sich mit den Erfahrungen und Lehren der Vergangenheit auseinanderzusetzen, sollen nun einige Fragestellungen, Aktionsvorschläge und Hinweise gegeben werden.

Als Leitfragen:

1. WIE KONNTE DER HITLERFASCHISMUS ZUR MACHT GELANGEN?

   Welche gesellschaftlichen Kräfte haben dazu verholfen? Wie hätte der Faschismus verhindert werden können? Wie wirkte die Weltwirtschaftskrise auf die Bevölkerung? Welche Vorstellungen, welche Erwartungen und Hoffnungen - welche Befürchtungen und Ängste wurden mit den Nazis verbunden? War der 30. Januar 1933 der Tag der "Machtübernahme": wann und wo wurden die Weichen dafür gestellt? Wie verhielten sich die verschiedenen sozialen Schichten der Bevölkerung, wie die Verbände, Interessenorganisationen, kulturelle, wissenschaftliche und kirchliche Institutionen?

2. WAS WAR DER FASCHISMUS WIRKLICH?

   Worauf gründete er seine Macht? Wie erklärt sich die Massenwirksamkeit seiner Politik? Wer leistete Widerstand? Wer wurde verfolgt? Welche Zwischenformen von Widerstand und Anpassung gab es? Worin zeigte sich die Aggressivität des Faschismus? Wie waren die sozialen, ideologischen und politischen Integrationsmechanismen der Naziherrschaft den aggressiven Ziele dieses Regimes untergeordnet? Welcher Zusammenhang bestand zwischen Faschismus und Krieg? Wie entstand Kriegsbereitschaft?

3. WAS GESCHAH NACH 1945?

Welche Schlußfolgerungen wurden von den verschiedenen gesellschaftlichen Kräften gezogen? Was hat davon bis heute Bestand gehabt, was wurde durch die Restauration verschüttet? Wie setzte sich die Restauration durch, auf welche Kräfte gründete sie sich? Was geschah mit den Kräften aus Widerstand und Emigration? Aus welchen Quellen des Faschismus und der Nachkriegszeit speist(e) sich die Staatsdoktrin der Bundesrepublik? Woher kamen die "neuen Herren"?

Wie kann man diese Grundfragen aufschlüsseln und im "alltäglichen Faschismus" wiederfinden? Dazu sollen aus einer Reihe von Lebensbereichen beispielhafte Fragestellungen entwickelt werden:

1. DER "FASCHISMUS VOR DER HAUSTÜR" - WAS GESCHAH IM STADTTEIL, IN DER KLEINSTADT, IM DORF?

- An welchen lokalen Traditionen, sozialen Widersprüchen und politischen Konflikten entzündete sich antidemokratische Ressentiments gegen das "Weimarer System"?
- Welche gesellschaftlichen und politischen Kräfte waren Stützen der Demokratie, welche neigten - schon frühzeitig? - dem Faschismus zu?
- Wie verhielten sich die Honoratioren? Wie reagierten staatliche Institutionen (Polizei, Justiz, Verwaltung) oder kommunale Verbände (Vereine) auf die Wirtschaftskrise?
- Wo standen die SA-Lokale, wo waren die Parteihäuser der Nazis, wo die Treffpunkte der anderen Parteien?
- In welchen Straßen, Ortsteilen wohnten Anhänger der Nazis, wo die Wähler und Parteigänger der linken Parteien?
- Wie veränderte sich das Stadtbild, die nachbarschaftlichen Beziehungen nach 1933? Gab es Solidaritätsaktionen für politisch und rassisch Verfolgte? Wie wechselten die Straßennamen nach 1933 - wie nach 1945?
- Wer wurde verfolgt - wer leistete dem Faschismus nach 1933 Widerstand? Welche Formen der Ablehnung, der Naziherrschaft lassen sich feststellen: politischer Widerstand, passiver Entzug, usw.?
- Wie wirkten sich Kriegsvorbereitung und Weltkrieg auf den Ort aus? Wer machte "bis zuletzt" mit, wo bröckelte die Gefolgstreue mit den Nazis? Wer befreite den Ort? Gab es Versuche, die Ortschaft durch Kapitulation zu schützen (weiße Fahnen)?
- Wer waren die Männer und Frauen der "ersten Stunde" des Neubeginns? Wie nahmen sie die Organisation des öffentlichen Lebens in die Hand? Gab es antifaschistische Ausschüsse oder ähnliche Bürgerinitiativen? Wie war die Kooperation mit den Besatzungstruppen?
- Wie vollzog sich die Entnazifizierung am Ort? Was geschah mit den "alten Kämpfern"? Welche Rolle spielten Widerstandskämpfer?

2. DIE REIHEN FAST GESCHLOSSEN? - BETRIEBE UND BELEGSCHAFTEN IN DER NAZIZEIT

- Was wurde im Betrieb produziert? Erfolgte nach 1933 eine Umstellung auf Kriegsproduktion?
- Wie stand die Unternehmensleitung zur Republik? Förderte sie den Faschismus?
- Welche Arbeitskräfte, Protestaktionen und Widerstandshandlungen gab es am Vorabend der "Machtergreifung" und während des Faschismus?
- Wie gingen die Betriebsrätewahlen vom März/April 1933 aus? Wie die Vertrauensrätewahlen von 1934/35?
- Beschäftigte der Betrieb während des Krieges "Ostarbeiter" und Kriegsgefangene? Gab es Zeichen der Solidarität zwischen Beschäftigten und den Zwangsarbeitern? Wer brachte nach 1945 die Produktion wieder in Gang? Wie geschah die Umstellung

auf Friedensproduktion? Wie waren die ersten Organe innerbetrieblicher Interessenvertretung zusammengesetzt?
- Wann kamen die (alten?) Unternehmer wieder? Wurden einige von ihnen im Zuge der Kriegsverbrecherprozesse oder der Entnazifizierung belangt?

3. "DIE IM DUNKELN SIEHT MAN NICHT"? - WO WAREN GEFÄNGNISSE, ZUCHTHÄUSER, KONZENTRATIONSLAGER, KZ-AUSSENSTELLEN UND ANDERE STRAFANSTALTEN?

- Wohin wurden die schon 1933 verhafteten Antifaschisten verschleppt?
- Gab es provisorische SA-Keller, Folterkeller?
- Wie war der Leidensweg einzelner Antifaschisten am Ort?
- Was war in der Bevölkerung vom Naziterror bekannt, wie wurden entsprechende Nachrichten oder Beobachtungen aufgenommen?
- Was war bekannt über den Verbleib von lokalen Minderheiten, die verschleppt wurden?
- Wie vollzog sich Schritt um Schritt jene Ausgrenzung und Ghettoisierung der Minderheiten, an deren Ende die Massenvernichtung in den KZ's stand?
- Welche Zeichen der Solidarität, der Nachbarschaftshilfe oder der bewußten Fluchthilfe lassen sich entdecken?
- Wer waren die Nazischergen in den Strafanstalten, KZ's und örtlichen Anstalten - und wo sind sie nach 1945 geblieben?
- Gibt es heute Mahnmale, Erinnerungstafeln an die Opfer des Faschismus? Sind die Stätten des Naziterrors in der Öffentlichkeit überhaupt als solche bekannt?

4. WAREN "VOLKSAUFKLÄRUNG UND PROPAGANDA" ALLMÄCHTIG? - WIE WURDEN KULTUR UND MEDIEN "GLEICHGESCHALTET"? WELCHE INFORMATIONSQUELLEN GAB ES?

- Wo fanden Bücherverbrennungen am 10. Mai 1933 statt? Was wurde dort verbrannt? Wer mußte emigrieren, wer wurde verhaftet, wer ging in die "innere Emigration"?
- Was wurde in der Nazizeit gelesen? Was verliehen die Bibliotheken, was wurde verboten? Wie und wo gelangte verbotene Literatur nach Deutschland, an den Ort?
- Waren die "gleichgeschalteten" Medien die einzige Informationsquelle für die Bevölkerung? - War es tatsächlich möglich, "von nichts gewußt" zu haben?
- Wurden Auslandssender gehört? Gab es Fälle von Strafverfolgungen wegen des "Abhörens" solcher Sender?
- Welche Neuansätze einer demokratischen Presse gab es nach 1945?

5. "WER DIE JUGEND HAT, HAT DIE ZUKUNFT"? - JUGEND, SCHULE UND ERZIEHUNG UNTER DER NAZIHERRSCHAFT

- Was erzählen Eltern bzw. Großeltern von ihrer Jugendzeit? Was hat sie beeindruckt, was abgestoßen? Konnten sie damals den Sinn der nationalsozialistischen Jugendpolitik durchschauen?
- Wie entstanden die lokalen HJ-Organisationen, wer machte mit, wer blieb abseits? Gab es Zwänge, die eine Mitgliedschaft unausweichlich machten?
- Was wurde in der HJ vermittelt: Erziehungsziele, Verhaltensweisen, Feindbilder, Freizeitangebote?
- Gab es Ansätze zu oppositionellem Verhalten in der Jugend?
- Was geschah mit den kirchlichen, bündischen und politischen Jugendorganisationen nach ihrem Verbot? Wo blieben ihre Mitglieder?
- Welche Veränderungen machte der Schulunterricht nach 1933 durch?
- Wie wandelte sich das Verhältnis zwischen Schülern und Lehrern?
- Worin kam die "Gleichschaltung" der Bildungsinhalte in Erscheinung?
- Wie bereiteten Jugendorganisationen, Freizeitangebote und Schulbildung auf den Krieg vor?
- Welche Spuren tragen die alten Schulgebäude noch heute? (Naziembleme, alte Inschriften, Heldengedenktafeln)

- Was sagen ehemalige Schüler und alte Lehrer zu ihren Erfahrungen in der Nazizeit? Wo sind die während der Hitlerherrschaft ausgebildeten Schüler geblieben: wer wurde verfolgt, wer ist im Krieg umgekommen? Gab es Rehabilitationen? Hat man sich je bemüht, die Vergangenheit der Schule zur Sprache zu bringen? Was sagen Festschriften über diese Zeit aus?
- Wo blieben die nationalsozialistischen Lehrer und Erzieher nach 1945? Wie sahen die ersten Vorstellungen einer demokratischen Erziehungspraxis aus?

6. "ZUCHTSTÄTTEN DES DEUTSCHEN GEISTES" - WISSENSCHAFT, AUSBILDUNG, FORSCHUNG IN DEN UNIVERSITÄTEN

- Wann wurden die Universitäten und Hochschulen von den Nationalsozialisten (meist von der NSO) "erobert"?
- Welchen Einfluß nahmen sie schon vor 1933 auf Wissenschaft und Ausbildung? Wo kamen ihnen Professoren und Lehrinhalte entgegen, was wurde unterdrückt?
- Welche Veränderungen wurden 1933 und danach im Lehrkörper und in den Studentenschaften erzwungen? Welche Wissenschaftler wurden von der Universität vertrieben, welche akademischen Grade aberkannt?
- Was wurde nach 1933 gelernt und geforscht? Welche Examensthemen und Doktorarbeiten wurden vergeben? Was bieten die alten Vorlesungsverzeichnisse für Aufschlüsse über Lerninhalte und Bildungsziele?
- Wie verhielt sich die Fachdisziplin angesichts der Naziherrschaft? Gab es Bekenntnisse zu "Führer und Staat"? Wo regte sich Widerspruch gegen die "Gleichschaltung" der Disziplin, wo gab es Mitläufertum, wo "innere Emigration"?
- Wie prägte die Kriegsvorbereitung Lehre und Forschung: welche Geschichtsbilder, rassistischen Lehren, Feindbilder usw. fanden Eingang in die Fachdisziplin?
- Wo entwickelte sich die Kriegsforschung? Gibt es Traditionen der Kriegsforschung über 1945 hinaus?
- Vorstellungen und Ansätze zu einer demokratischen Neuordnung an Hochschulen - wer vertrat sie, wer blockierte sie?

7. "HEUTE GEHÖRT UNS DEUTSCHLAND UND MORGEN DIE GANZE WELT"? - KRIEGSVORBEREITUNG UND WELTKRIEG IM FASCHISTISCHEN DEUTSCHLAND

- Wo lassen sich Bauprojekte (Kasernen) und andere Arbeitsbeschaffungsmaßnahmen (Straßen, Autobahnen) am Ort feststellen, die der Kriegsvorbereitung gedient haben?
- Wie wurde die Bevölkerung ideologisch auf den Krieg vorbereitet? (Feindbilder; Luftschutzübungen; "Lebensraum im Osten" usw.)
- Welchen Beitrag leisten Bildung und Erziehung für den faschistischen Aggressionskrieg?
- Wie wurden die expansionistischen Ziele und politischen Aktionen der Nationalsozialisten aufgenommen? Gab es Anlässe zum Widerstand? (Eingliederung des Saarlandes; Flottenabkommen mit England; Einführung der allgemeinen Wehrpflicht; "Anschluß" Österreichs; Sudetenkrise und Münchener Abkommen; Nichtangriffsvertrag mit der Sowjetunion; Überfall auf Polen und der "seltsame Krieg" im Westen)
- Wie veränderten sich die Arbeits- und Lebensbedingungen während des Weltkrieges? Wie erlebte die Bevölkerung die faschistischen Siege und Niederlagen? In welchem Maße "profitierten" Kreise der Bevölkerung vom Krieg: Was wurde nach Deutschland verschleppt, geraubt?
- Welches Schicksal erlitten die Kriegsgefangenen? Wie wurden die sowjetischen Kriegsgefangenen behandelt? Gibt es am Ort Gräber von Kriegsgefangenen?
- Wie war das Schicksal der über 10 Millionen "Fremdvölkischen", die während des Krieges zur Zwangsarbeit nach Deutschland verschleppt worden waren? Gab es Unterschiede in der Behandlung - nach Herkunftsland, Alter, Geschlecht? Was ist an Vorurteilen und Antipathien gegen bestimmte Ausländergruppen auch über Kriegsende hinaus bestehen geblieben? Wo gibt es noch Zeugnisse von der Anwesenheit von Zwangsarbeitern?

- Mit der "Endlösung der Judenfrage", die seit 1942/43 zu Massenverschleppungen und zum Holocaust führte, verschwanden die jüdischen Mitbürger aus den Städten und Gemeinden. Wie wurde das aufgenommen? Gab es Hilfeleistungen? Wußte man, was in den KZ's geschah?
- Was festigte den Glauben an den "Endsieg"? Kam die Niederlage und Zerschlagung des Deutschen Reiches wirklich überraschend? Was motivierte manche zum "letzten Aufgebot"? Wann und warum kamen andere zu Besinnung?
- Wie vollzog sich die Kapitulation am Ort, wann kamen die Truppen der Siegermächte, wie wurden sie empfangen? Niederlage und Befreiung - zu welchen widersprüchlichen Erfahrungen gab das Anlaß?
- Welche sozialen und politischen Kräfte nahmen den Wiederaufbau in Angriff? Welche Selbsthilfemaßnahmen gab es? Wer stellte die ersten Magistrate, Verwaltungen, Bürgermeister?
- Wo blieben die Amtsvorgänger, die stadtbekannten Nazis? - Welche Vorstellungen einer demokratischen Neuordnung läßt sich am Ort auffinden?

ADRESSEN

Vereinigung der Verfolgten des Naziregimes - Bund der Antifaschisten (VVN)
Rossertstr. 4, 6000 Frankfurt - Tel.: 0611/72 76 49, 72 78 43

Arbeitsgemeinschaft verfolgter Sozialdemokraten (AvS), SPD-Parteivorstand
Erich-Ollenhauer-Haus, Postfach 2280, 5300 Bonn 1 - Tel.: 0228 / *5321

"Informationszentrum Berlin, Gedenk- und Bildungsstätte"
Stauffenberger Str. 14, 1000 Berlin 30 - Tel. 030/2 61 60 15 (Broschüren und Hinweise zum Widerstand)

"Studienkreis zur Erforschung und Vermittlung der Geschichte des deutschen Widerstandes 1933-45 e.V., mit dem "Dokumentationsarchiv des deutschen Widerstandes"
Rossertstr. 9, 6000 Frankfurt - Tel.: 0611/72 15 75

Pressedienst Demokratische Initiative (PDI)
Münzstr. 3, 8000 München 2 - Tel.: 089 / 22 39 30/32

Unidoc-Filmverleih
Dantestr. 29, 8000 München 19 - Tel.: 089 / 15 60 61
ab 1.11.1983: Braunschweiger Str. 20, 4600 Dortmund - Tel.: 0231 / 81 89 28

Institut für Film und Bild in Wissenschaft und Unterricht
Bavaria-Film-Platz 3, 8022 Gründwald (Broschüre: Nationalsozialismus und Dritte Reich, Audiovisuelle Medien)

Adolf Grimme-Insitut des Deutschen Volkshochschulverbandes
Eduard-Weitsch-Weg 25, 4370 Marl - Tel.: 02365 / 1 40 34 (Broschüre: Medien für die Weiterbildung. Verleiher - Programme - Kosten)

Bundeszentrale für politische Bildung
Berliner Freiheit 7, 5300 Donn 1 (Publikationen zum Thema; Zentrale Filmographie politischer Bildung, 2 Bände, Leverkusen 1981/82)."

aus: Klaus Neumann: Die Geschichte in die eigenen Hände nehmen. Anregungen zum 50. Jahrestag der Machtergreifung am 30. Januar 1983. Was kann man tun? In: Blätter für deutsche und internationale Politik, Heft 11/1982, S. 1326 ff.

Die folgenden Hinweise können und sollen keine Bibliographie zu Faschismus und Neofaschismus ersetzen. Wer aber die oft unergiebigen Wege der Lehrbücher verlassen möchte, benötigt für seine Arbeit einfache, preiswerte, zuverlässige und leicht erreichbare Unterlagen, die ihn der Sache, nicht irgendeiner Deutung tatsächlich näherbringen, neue Betrachtungsweisen erföffnen, problemorientierten Arbeitsunterricht und Projekte erlauben.

Es sei darauf hingewiesen, daß die überwiegende Zahl aller genannten Titel Taschenbücher sind. Kataloge und Bildbände sind als solche gekennzeichnet, häufig sind Bezugshilfen angegeben, die den Einkauf u.U. verbilligen.

I. KINDER- UND JUGENDBÜCHER FÜR DEN ANTIFASCHISTISCHEN UNTERRICHT

Peter BERGER: Im roten Hinterhaus: Arena Taschenbuch 1263, Arena-Verlag Würzburg
Das Buch schildert die Kindheit eines Jungen, der in einer kinderreichen Arbeiterfamilie zwischen der Weltwirtschaftskrise und dem Ausbruch des Krieges heranwächst. Jedes der 8 Kinder dieser Familie geht einen eigenen beruflichen und politischen Weg; das führt innerhalb der Familie zu ähnlichen Spannungen (beispielsweise zwischen Kommunisten und Sozialisten) wie im politischen Leben Deutschlands.

Peter BOROWSKY: Adolf Hitler, Hamburg 1979 (2. Aufl.) (Cecilie Dressler Verlag)
Eines der wenigen Jugendsachbücher, die die biographische Methode in geeigneter und politisch-emanzipatorischer Form anwenden. Regt zu weiterführenden Gesprächen und Diskussionen an.

Horst BURGER: Warum warst Du in der HJ. Drei Fragen an meinen Vater, Reinbek 1979 (rororo rotfuchs)

Horst BURGER: Vier Fragen an meinen Vater, Reutlingen 1976 (Ensslin und Laiblin Verlag)
Die vier Fragen gelten dem Verhalten der Väter während des Hitlerregimes. Sie bilden auch den Rahmen für den Erlebnisbericht eines etwa achtjährigen Jungen (der heutigen Vätergeneration), der mehr aus Angst als aus Überzeugung zum Mitläufer und -schuldigen wurde. Das beginnt bei der Konfrontation mit jüdischen Familien und endet in der Begegnung mit einem befreiten KZ-Häftling. Die Erlebnisse der Nachkriegszeit sind ebenso kritisch engagiert und dabei spannend geschildert wie die Zeit zwischen 1933 und 1945.

Renate FINCKH: Mit uns zieht die neue Zeit, Baden-Baden 1979 (Signal-Verlag)
Biographie einer BDM-Führerin, die bis zum Schluß "geglaubt" hat. Das späte Erwachen gerät sehr sentimental.

Anne FRANK: Das Tagebuch der Anne Frank. 12. Juni 1942 bis 1. August 1944, mit einem Vorwort von Albrecht Goes, Frankfurt 1960 (Fischer-Taschenbuch)
Das Schicksal einer jüdischen Familie, die während der nationalsozialistischen Judenverfolgung in Holland in einem Hinterhaus "untertaucht", im Spiegel der Tagebuchaufzeichnungen der Anne Frank. Die Familie wurde im August 1944 in ihrem Versteck in Amsterdam entdeckt und ins Konzentrationslager gebracht; Anne Frank starb im März 1945 im Vernichtungslager Bergen-Belsen. Nach der Verhaftung der Familie fand man zwischen alten Büchern und Zeitungen das Tagebuch, das Anne seit ihrem 13. Lebensjahr geführt hatte.

Max von der GRÜN: Wie war das eigentlich? Kindheit und Jugend im Dritten Reich, Neuwied 1979 (Luchterhand)
Die Kombination historischer Geschehnisse und eigener Erlebnisse ermöglicht Information und kritische Identifikation.

Judith KERR: Als Hitler das rosa Kaninchen stahl, Ravensburg 1973 (Otto Meyer Verlag)
Das Buch beschreibt die Flucht einer jüdischen Familie aus Deutschland über die Schweiz, Paris nach England. Beim Aufbruch in Berlin im Januar 1933 bleibt auch das Lieblingsspielzeug der neunjährigen Anna zurück. In der Fremde erleben sie und ihr Bruder zum erstenmal, was es bedeutet, Jude zu sein. Judith Kerr ist die Tochter des Theaterkritikers Alfred Kerr und lebt heute in England. Sie erhielt für dieses Buch den Deutschen Jugendbuchpreis 1974.

Hans Peter RICHTER: Damals war es Friedrich, München (dtv-junior)
Zwei gleichaltrige Jugendliche wachsen ab 1925 im gleichen Haus auf, gehen zunächst in die gleiche Schulklasse und haben gleiche Kindheits- und Jugenderlebnisse. Doch der eine, Friedrich Schneider ist Jude, und das wirft nach 1933 immer stärkere Schatten auf das Zusammenleben, selbst wenn ihre Freundschaft bis zum Tode der jüdischen Familie standhält. In Einzelerzählungen werden die Stationen der Diskriminierung, Isolierung und schließlich Ausschaltung der Juden aus dem Alltag der Deutschen konkret und fesselnd dargestellt. Besonders zu erwähnen der Anhang mit in die Tiefe gehenden Erläuterungen über jüdisches Brauchtum und die umfassende Zeittafel mit antijüdischen Gesetzen, Erlassen und Verordnungen.

LITERATUREMPFEHLUNGEN FÜR DIE VERSCHIEDENEN ALTERSSTUFEN

5/6: Hans-Georg NOACK: Die Webers, eine deutsche Familie 1932-45 (Alltag einer Arbeiterfamilie unter der Nazi-Diktatur), Ravensburger 591
Doris ORGEL: Der Teufel in Wien, rotfuchs 296
Hans Peter RICHTER: Damals war es Friedrich, a.a.O.

7/8:
Dieter BORKOWSKI: Wer weiß, ob wir uns wiedersehen, Erinnerungen an eine Berliner Jugend (in Auszügen), S. Fischer-Verlag
Franz-Josef DEGENHARDT: Zündschnure (Widerstand im Arbeiterviertel von Schwelm / Hauptperson sind vier Dreizehn- und Vierzehnjährige) rororo 1865
Wolfgang LANGHOFF: Die Moorsoldaten, 13 Monate Konzentrationslager, Röderberg-Verlag (Das Kapitel über den Lagerzirkus und die Uraufführung des Liedes "Die Moorsoldaten" steht auch in "Der rote Großvater erzählt" und in Karl Adamek, s.u.)
Jan PETERSEN: Unsere Straße. Kleine Arbeiterbibliothek 48, Damnitz-Verlag München (Grundlage für den Film "Straße im Widerstand")

9/10:
Bernd BURCKHARDT: Eine Stadt wird braun. Die nationalsozialistische Machtergreifung in der Provinz. Eine Fallstudie (Hoffmann und Campe)
Max von der GRÜN: Wie war das eigentlich ... a.a.O.
Gerda ZORN: Gertrud Meyer: Frauen gegen Hitler. Berichte aus dem Widerstand 1933 - 1945 (Röderberg-Verlag)

ab Klasse 10:
Bert BRECHT: Furcht und Elend des Dritten Reiches
Bert BRECHT: Der aufhaltsame Aufstieg des Arturo Ui
Rolf HOCHHUTH: Eine Liebe in Deutschland (Rowohlt-Verlag)
ders.: Der Stellvertreter
Peter WEISS: Die Ermittlung
Christa WOLFF: Kindheitsmuster

2. DOKUMENTE, ANSCHAULICHES, LOKALES, TIPS

Vorab zwei Titel aus der Schriftenreihe der Bundeszentrale für Politische Bildung:

Alfred KURZ / Robert GRAEFF: Bibliographie zu Unterrichtseinheiten der Politischen Bildung. Veröffentlichungen in Zeitschriften 1960-1979, Bonn 1981 (2. Aufl.) (Schriftenreihe Bd. 141)
264 Seiten, über mehrere Register gut zu erschließen, Listen unkommentiert, aufgenommen nur "etablierte" Publikationen.

Der Nationalsozialismus als didaktisches Problem. Beiträge zur Behandlung des NS-Systems und des deutschen Widerstands im Unterricht. Hrsg. von der Bundeszentrale für Politische Bildung, Bonn 1980 (Schriftenreihe Bd. 156)
Erstaunlich offene Tagungsergebnisse, wichtige Autoren, zur Rechtfertigung und Begründung des eigentlich Selbstverständlichen gut geeignet.

a) DOKUMENTE / VERMISCHTES

Reinhard KÜHNL: Der deutsche Faschismus in Quellen und Dokumenten, Köln 1980 (5. Aufl.)

Ulrike HÖRSTER-PHILIPS: Wer war Hitler wirklich? Großkapital und Faschismus 1918 - 1945. Dokumente, Köln 1978

Frank DEPPE / Wittich ROSSMANN: Wirtschaftskrise, Faschismus, Gewerkschaften. Dokumente zur Gewerkschaftspolitik 1929 - 1933, Köln 1981
Die z.Zt. besten "problemorientierten" Quellensammlungen, zudem sehr preiswert. Bei Deppe/Roßmann auch Material zum BVG-Streik und die Selbstkritik Piecks im Exil, teilweise mit hilfreichen Apparaten und Registern.

Kunstamt Kreuzberg u.a. (Hrsg.): Weimarer Republik, Berlin 1977 (3.Aufl.)

Kunstamt Kreuzberg u.a. (Hrsg.): Faschismus von Renzo Vespignani, Berlin 1976
Beide inzwischen weitverbreitete großformatige Ausstellungsbände sind sehr empfehlenswert. Druckqualität mittelmäßig. Preiswert. (Bezug über 2001)

Staatliche Kunsthalle Berlin: 1933 - Wege zur Diktatur, Berlin 1983
Großformatiger Ausstellungskatalog, in Umfang und Qualität z.Zt. ohne Konkurrenz. Preiswert. (Bezug über Wohlthat)

Deutschlandberichte der SPD 1934-1940. 7 Bd., Frankfurt 1982 (6.Aufl.)
Überwältigende Materialfülle. Umfangreiche Register erschließen unter lokalen und systematischen Gesichtspunkten. Unentbehrlich für die Sozialgeschichte des Untergrunds und die Alltags- und Wirtschaftsgeschichte des NS-Systems. Angesichts der nahezu 9000 Seiten spottbillig. (Bezug über 2001)

DGB-Bundesvorstand (Hrsg.): 50 Jahre Machtergreifung. Arbeiterbewegung, Nationalsozialismus und Neofaschismus in Deutschland. Materialien und Kommentare, Düsseldorf 1982
Großformatige Broschüre, inhaltlich das Gegenstück zu Deppe/Roßmann, formal - obschon von der Abt. Jugend - flott im Lay out, onkelhaft die Autorentexte.

Jungsozialisten in der SPD, Landesverband NW (Hrsg.): Deutschland erwacht. Braunbuch über die neuen Nazi-Aktionen und Provokationen, Köln 1978
Beklemmende Sammlung von Faksimiles der jungen Braunen. Sollte unbedingt bekannter werden.

Peter BRANDT (Hrsg.): 1918-19. Ein Lesebuch, Berlin 1979

Thomas FRIEDRICH (Hrsg.): 1933. Ein Lesebuch, Berlin 1980

Thomas FRIEDRICH (Hrsg.): 1945. Wie der Krieg zu Ende ging. Ein Lesebuch, Berlin 1980

Vielseitige Zusammenstellungen in der Art des Klassenbuches von Enzensberger. (auch über die Büchergilde Gutenberg)

Walther HOFER: Der Nationalsozialismus. Dokumente 1933-1945, Frankfurt 1957
Überll greifbarer Oldtimer. Dokumentenauswahl immer noch brauchbar. Das Buch als Ganzes genügt jedoch nicht mehr dem Stand der Diskussion.

Ernst DEUERLEIN: Der Aufstieg der NSDAP in Augenzeugenberichten, München 1976 (2. Aufl.)
Populäre Reihe, Zitate oft sehr kurz. Ein kenntnisreiches Buch mit vielen verwendbaren Hinweisen (etwa Aussagen des Bankiers v. Schröder in Nürnberg)

Kurt BACHMANN (Hrsg.): 1933 - Texte, Fotos, Chronik. Frankfurt 1983
Materialreiche Chronik aus DKP-Sicht. Viele Flugblatt-Faksimiles.

Karl Christoph SCHWEITZER (Hrsg.): Die deutsche Nation. Aussagen von Bismark bis Honecker, Köln 1976
Der scheinbar akademische Band fängt fast umfassend das gesamte Spektrum konservativer Selbstdarstellung und "Öffentlichkeitsarbeit", soweit sie im Parlament stattfanden, ein.
Ein Beitrag zum Thema Kontinuität. Sehr umfangreich, oft dialogisch mit der Linken. Zwei Reden von Hitler, eine von Rosenberg.

Karl-Heinz GÜNTHER u.a. (Hrsg.): Quellen zur Geschichte der Erziehung, Berlin (DDR) 1978 (8. Aufl.)
Das dickleibige Standardwerk enthält auch die wichtigsten Quellen zur NS-Erziehung. Sehr preiswert.

Karl ADAMEK: Lieder der Arbeiterbewegung, Frankfurt 1981
Mehr als ein Liederbuch. Bilder und kurze Geschichten stellen den Hintergrund der Entstehung und Zusammenhänge dar. Sehr empfehlenswert. (auch in der Büchergilde Gutenberg)

Frank BAIER / Detlev PULS: Arbeiterlieder aus dem Ruhrgebiet, Frankfurt 1981

Hans Magnus ENZENSBERGER u.a.: Klassenbuch 3. Ein Lesebuch zu den Klassenkämpfen in Deutschland 1920 - 71, Neuwied 1972
Der Klassiker unter den Geschichtsbüchern "von unten". Enthält auch Literatur nach Art des Werkkreises Literatur der Arbeitswelt.

Heiner BOEHNKE (Hrsg.): Vorwärts und nicht vergessen. Ein Lesebuch. Klassenkämpfe in der Weimarer Republik, Reinbek 1973

Werkkreis Literatur der Arbeitswelt (Hrsg.): Der rote Großvater erzählt. Berichte und Erzählungen von Veteranen der Arbeiterbewegung aus der Zeit von 1914 - 1945, Frankfurt 1974
Viel Authentisches, gelegentlich auch Pathos im Nachhinein. Die letztgenannten Bücher sind die Pioniere der Alltagsgeschichte gewesen. "Der rote Großvater" ist vergriffen.

Neuere Titel siehe Literaturauswahlliste der Landesbildstelle Westfalen (Angaben unter e) S. 131

b) ANSCHAULICHES, ERZÄHLENDES

Anm.: Die Grenzen sind wie immer fließend. Auch die folgenden Titel enthalten Quellen, wie die voraufgegangenen teilweise Bilder und Erzählendes.

Eckhard SIEPMANN: bikini. Die fünziger Jahre. Kalter Krieg und Capri-Sonne, Berlin 1981
Ein poppig gemachter, jedoch sehr ernsthafter Großband aus der elefantenpress. Sehr breiter Blickwinkel, empfehlenswert, preiswert. (jetzt auch als rororo-Taschenbuch)

Das Objekt unserer Begierde

Die taz unserer Träume hat täglich mindestens 20 Seiten, überall Regionalteile und zu wichtigen Anlässen zusätzliche Sonderseiten und ist überhaupt einfach 'ne Wucht!

Sie ist zutiefst unseriös, skandalträchtig und obzön. Sie ist Stachel im Fleisch des langweiligen Alltags. Sie wird von den Bonzen gehaßt; wo sie auf dem Tisch liegt, kehrt Unruhe ein und wo Kleinmut sich breitmacht, schreit sie: do it baby - do it now!

Wenn auch ihr sie so haben wollt, müßt ihr mehr tun als bisher.

Mag sein, daß ihr oft an uns gezweifelt habt: Wir genügen euren hehren Ansprüchen nicht, wir sind nicht Teil eurer Lobby. Schluß mit den Zweifeln!

Habt Mut zu kämpfen
Habt Mut zu siegen
Mit nem Abonnemang
werdet ihr nicht unterliegen!

die Tageszeitung

taz-abo!

Was für den Überbau die Basis,
is für die taz das Abo! Abo-Schnipsel täglich in der taz.

Künstlerhaus Bethanien (Hrsg.): Wohnsitz Nirgendwo. Vom Leben und Überleben auf der Straße, Berlin 1982
Hervorragender Ausstellungskatalog zur Subkultur der Nichtseßhaften, aber auch zu künstlerischen Edelberbern. Erschreckend die Kontinuität vom kaiserlichen Staat und seiner Psychiatrie bis heute. Wertvolles Material, sehr gute Qualität, nicht ganz billig. Wichtige Quellen zur NS-Zeit!

IG Metall (Hrsg.): 75 Jahre Industriegewerkschaft 1891-1966, Frankfurt 1966
Großformatige Festschrift, verstaubt sicher noch bei vielen Funktionsträgern. Enthält viele Faksimiles und noch aus Otto Brenners Zeiten vergleichsweise kernige Texte.

Friedrich ARNOLD (Hrsg.): Anschläge. Politische Plakate in Deutschland 1900 - 1970, München 1972
166 ganzseitige, farbige Reproduktionen, z.Zt. konkurrenzlose Sammlung, ermöglicht problemorientierte Behandlung. (Einige Großreproduktionen auch bei Klett, Schulbuch-Verlag)
(Die "Anschläge" auch bei der Büchergilde Gutenberg.)

Eugen KOGON: Der SS-Staat, München 1974
Heute noch unbegreiflich, wie ein KZ-Opfer schon 1946 ein so reifes und grundlegendes Werk über KZ, Wirtschaft und SS hat schreiben können. Dieses Buch ist das Gegenstück zum Film "Nacht und Nebel" von Alain Resnais, Paul Celan und Hans Eisler. Pflichtlektüre!

Eckhard SIEPMANN: Montage: John Heartfield, Berlin 1977 (3. Aufl.)
Großformat aus der elefanten-press. Billig, aber nicht immer reproduzierbar. Besser, aber schwerer zu bekommen ist der Prachtband vom Bruder Wieland Herzfelde (Dresden 1971). Heartfields unerschrockene und seherische Arbeiten ersetzen noch heute umständliches Verbalisieren.

Theo PINKUS (Hrsg.): Frans Masereel - Bilder gegen den Krieg, Frankfurt 1981
Ein fast schon monumentaler Band mit einer Fülle auch gezielt antifaschistischer Arbeiten des großen flämischen Pazifisten (Bezug über 2001).

George GROSZ: Das Gesicht der herrschenden Klasse und Abrechnung folgt, Frankfurt 1972 (Nachdruck von 1921/22)
Dieser Band ist der wohl politischste und substilste unter den heute wieder erhältlichen. Grosz und Dix waren die von den Nazis meistgehaßten Künstler.

Paul A. WEBER: Kunst im Widerstand. Politische Zeichnungen seit 1929, Berlin 1978
Auch wenn Weber zeitweilig sonderbaren nationalen Richtungen (Niekisch) der Linken anhing, so sind seine oft sehr hintergründigen Zeichnungen ein wichtiger Bestandteil antifaschistischer Kunst. Auch hier das frühe Wissen und Warnen vor der aufkommenden Barbarei. (auch bei der Büchergilde Gutenberg)

c) WISSENSCHAFTLICHES, DIDAKTISCHES

Wolfgang ABENDROTH: Sozialgeschichte der europäischen Arbeiterbewegung, Frankfurt 1972 (8. Aufl.)
Diesem Klassiker sieht man gern nach, daß er nicht ständig aktualisiert worden ist.

Annette KUHN: Nie wieder Faschismus - nie wieder Krieg. Antifaschistische Lernziele heute. In: Demokratische Erziehung 9. Jg. (1983), Heft 1

Vor 50 Jahren: Machtergreifung des Faschismus in Deutschland. Blätter für deutsche und internationale Politik. Köln 1/1983
Themenheft mit Beiträgen von Abendroth, Deppe/Roßmann, Klönne u.a., darunter einigen interessanten Beiträgen aus der DDR.

Eberhard ALEFF u.a.: Das dritte Reich, Hannover 1970 (7. Aufl.)
Immer wieder aufgelegt, über die Landeszentralen für politische Bildung zu erhalten. Kenntnisreich, auch ökonomische Aspekte (Statistiken), keine Quellensammlung.

Gerald REITLINGER: Die Endlösung. Hitlers Versuch der Ausrottung der Juden Europas 1939 - 1945, Berlin 1979 (5. Aufl.)
Ein in England entstandenes, breit fundiertes Standardwerk. Bezeichnend das ängstliche Vorwort des dt. Verlegers. Wird auch über die Landeszentralen für Politische Bildung vertrieben.

Alfred MILATZ: Wähler und Wahlen in der Weimarer Republik. Schriftenreihe der Bundeszentrale für Politische Bildung, Bd. 66, Köln 1968 (2. Aufl.)
Wissenschaftlich nicht besonders aufregend, doch kann man die beigelegten Karten gut gebrauchen.

Frauengruppe Faschismusforschung (Hrgs.): Mutterkreuz und Arbeitsbuch. Zur Geschichte der Frauen in der Weimarer Republik und im Nationalsozialismus, Frankfurt 1981
Leistet Aufklärung gegen eine immer noch verklärende Vernebelung. Leider fehlt ein wenig die Situation der proletarischen Frauen, dennoch empfehlenswert.

Harald FOCKE / Uwe REIMER: Alltag unterm Hakenkreuz. Wie die Nazis das Leben der Deutschen veränderten. Ein aufklärendes Lesebuch, Reinbek 1979

Dies.: Alltag der Entrechteten. Wie die Nazis mit ihren Gegnern umgingen (= Alltag unterm Hakenkreuz, Bd.2), Reinbel 1980

Freimut DUVE / Wolfgang KOPITZSCH (Hrsg.:) Weimar ist kein Argument oder Brachten Radikale im öffentlichen Dienst Hitler an die Macht? Texte zu einer gefährlichen Geschichtsdeutung, Reinbek 1976

GEW-Berlin (Hrsg.): Wider das Vergessen. Antifaschistische Erziehung in der Schule. Erfahrungen - Projekte - Anregungen, Frankfurt 1981 (Fischer-Tb. 6739)

d) LOKALES

Bundeszentrale für Politische Bildung: Gedenkstätte für Opfer des Nationalsozialismus auf dem Gebiet der Bundesrepublik Deutschland, September 1981 (2. Aufl.)
Umfangreiches, sicher nicht vollständiges, aber bei lokalen Projekten u.U. hilfreiches Verzeichnis. Liegt in Schulen vor.

Dieter GALINSKI u.a.: Nazis und Nachbarn. Schüler erforschen den Alltag im Nationalsozialismus, Reinbek 1982
Enthält mehrere Beiträge aus NW von unterschiedlicher Intensität und Aussage. Anregungen zu eigenen Projekten.

K.D. BRACHER u.a.: Die nationalsozialistische Machtergreifung - der 30. Januar 1933 in Rheinland, Westfalen, Lippe. Düsseldorf 1983 (Landeszentrale für Politische Bildung)
Im wesentlichen ein Beispiel für die regierungsamtliche Sicht der Dinge, liegt in allen Schulen vor.

Kurt KLOTZBACH: Gegen den Nationalsozialismus. Widerstand und Verfolgung in Dortmund 1930. 1945, Hannover 1969
Immer noch das beste Buch zum Widerstand der Arbeiterbewegung in diesem Bereich, recht fair gegenüber der nicht sozialdemokratischen Linken. Interessant für das gesamte Ruhrgebiet.

Stadtarchiv der Stadt Dortmund: Widerstand und Verfolgung in Dortmund 1933-1945, Dortmund 1981 (2. Aufl.)
Vorbildlicher, umfangreicher Ausstellungskatalog zur gleichnamigen Dauerausstellung. Guter Druck. Im Preis günstig. Dokumentiert auch die Positionen und

stellung. Guter Druck. Im Preis günstig. Dokumentiert auch die Positionen und die Tragik der kleinen sozialistischen Gruppen zwischen KPD und SPD. Sehr basisorientierter Ansatz, wenig Dogmatik der Parteizentralen.

Eine sehr brauchbare und kurz kommentierte Literaturzusammenstellung auch zu Alltag im Faschismus, Jugendwiderstand, Arbeiterbewegung etc. hat die Landesbildstelle Westfalen an die Schulen verschickt.
Die dort aufgeführten Titel sind hier nicht aufgenommen.

Antoinette DRÜPPEL (Bearb.): Nationalsozialismus - Eine Literaturauswahl. Landesbildstelle Westfalen, Warendorfer Str. 24, 4400 Münster

e) TIPS

Wer lokalgeschichtlich arbeiten will, kann bei folgenden örtlichen und überörtlichen Einrichtungen Glück haben: Stadt- und Kreisarchive, Gewerkschaftshäuser, SPD, Juso, VVN (manchmal gibt es zwei davon, dann eben beide!), engagierte Kirchenkreise (z.B. Dortmund), jüdische Gemeinden, einschlägige Museen (z.B. Synagoge in Essen).
Häufig haben Lokalzeitungen, Stadtbüchereien irgendwann Ausstellungen oder Serien gemacht. Nach deren Quellen fragen. (vgl. auch S. 113 ff.
Sehr interessant - aber Glücksache - ist es, in alte Firmen-, Gefängnis- oder Gerichtsarchive hineinzukommen. Für letztere braucht man eine Genehmigung. Auch die Wirtschaftsverbände und Kammern müßten etwas haben, versuchen kostet nichts und eine Ablehnung gehört zum Politischen Lernen.
In jeder Stadt hat es 1933 Klein-KZ der SA gegeben, in der oft viehisch mit den lokalen Gegner abgerechnet wurde. (z.B. Wuppertal, Literatur beim Hammer-Verlag).

3. BESPRECHUNGEN

Ergänzend zum folgenden Beitrag "Wichtige Literatur über den Rechtsextremismus:

Christian Bockemühl hat ein 56 Seiten starkes Heft herausgebracht (Demokraten gegen rechts. Argumente für die Auseinandersetzung mit rechtsextremen Einstellungen, Dortmund 1983, Wulff-Verlag), das für die Breitenarbeit gedacht ist und deshalb auch als Sammelbestellung bezogen werden kann. Bockemühl behandelt in einem guten Dutzend Abschnitten Themen wie "Ausländer", "Gewalt", "Kommunismus", "Kriegsschuldlüge", "Minderheiten", "'Positives am Dritten Reich'".
Die Themen werden unprätentiös in vorsichtiger Distanz zu mancher Extremisteneinäugigkeit abgehandelt.
Bockemühl ist als Journalist bemüht, historische Erläuterungen immer auch mit aktuellen Erfahrungen zu verknüpfen.
Das Heft wird Menschen, die im Bereich politischer Bildung eine schnelle, nicht kontroverse Auskunft brauchen, hilfreich sein.
Denkbar ist sicher auch die Verwendung in der Handbücherei einer Schulklasse.
Das Heft enthält einige Literaturhinweise und ein kurzes Schlagwortregister.

1933 und danach
Alltag im Nationalsozialismus

Spurensicherung: Schüler erforschen die Geschichte der Judenverfolgung.
Portrait: Zur Schule gehen während der Nazi-Zeit

Alternativschulen
Freundliche Schule in unfreundlicher Gesellschaft –

ihre Theorien, ihr Alltag, ihr Kampf um Durchsetzung
neueste Nachrichten aus den Initiativen

Freinet
Nicht nur Drucken und nicht nur in Frankreich

eine Alternative in der Regelschule.
Ökologe und Sozialist, aktuelle Gedanken des franz. Reformpädagogen

Ausländer
nicht in Watte packen!

Diskussion: Gegen linken Moralismus, für Integration, gegen bi-kulturelle Erziehung, für einen alternativen Nationalismus
Modell: Die zweite Kreuzberger Oberschule

Interessiert?

Probeheft gefällig?

Gibt's gratis bei:
Uwe Leander
pädex Velag
Postfach 2
6107 Reinheim

Zum Kennenlernen gibt es das Probeabo: 4 fortlaufende Hefte für DM 12,–. Wenn das Probeabo nicht nach dem dritten Heft gekündigt wird, läuft es als Normalabo weiter. Jahresabo DM 72,– plus Porto
Studentenabo DM 52,– plus Porto

Christian Bockemühl:
WICHTIGE LITERATUR ÜBER DEN RECHTSEXTREMISMUS

Erst das militante Auftreten der Neonazis in den letzten Jahren hat das Interesse von Wissenschaft und Publizistik auf den neuen Rechtsextremismus gelenkt. Bei dem Stichwort "Extremismus" hatte sich der Blick von Fachleuten und Politikern bis dahin - einer jahrzehntelangen deutschen Tradition entstprechend - immer ohne langes Nachdenken auf den Linksextremismus gerichtet, obwohl die deutsche Geschichte eher das Gegenteil lehrt.

Die neue Literatur zum Rechtsextremismus füllt inzwischen eine kleine Bibliothek. Das Augenmerk richtet sich in erster Linie auf den organisierten jugendlichen Neonazismus. Aber es wurden auch einzelne Studien zutage gefördert, die sich mit manifesten oder zumindest latenten Erscheinungsformen des Rechtsextremismus in der gesamten Bevölkerung auseinandersetzen. Die populärwissenschaftliche und die für die Praxis der politischen Bildung bestimmte Literatur überwiegt dabei das im strengen Sinne wissenschaftliche Schrifttum. - Im Folgenden kann nur eine (nicht ganz) willkürliche Auswahl von Titeln vorgestellt werden, die sich gerade für die Verwendung in der politischen Bildung eignen.

Die ebenso oft zitierte wie gescholtene SINUS-Studie (die auch als Taschenbuch unter dem Titel erschienen ist: "5 Millionen Deutsche: Wir sollten wieder einen Führer haben", Reinbek 1981; rororo-aktuell 4929, 140 Seiten) ist eine der wichtigsten, weil umfassendsten Erhebungen über rechtsextremes Einstellungs- und Verhaltenspotential in der Bevölkerung aus den letzten Jahren. Ihr lag die Befragung von 7.000 repräsentativ ausgewählten Bundesbürgern zugrunde - also etwa die drei- bis vierfacher quantitative Erhebungsbasis wie bei ähnlichen Umfragen. Das erhöht ihre Repräsentativität und Aussagekraft. Ihr Hauptergebnis - 13 Prozent der Wahlbevölkerung mit einem "ideologisch geschlossenen rechtsextremen Weltbild" - zeigt, daß das potentielle rechtsextreme Wählerreservoir weit in die Anhängerschaft der traditionellen demokratischen Parteien hineinreicht.

Unter mehreren Sammelbänden, die sich mit dem neuen und/oder der Bewältigung des "alten" Rechtsextremismus befassen, sei beispielhaft die von Paul LERSCH herausgegebene Schrift genannt (Die verkannte Gefahr, SPIEGEL-Buch Nr. 12, Reinbek 1981; Rowohlt-Verlag, 288 Seiten). Sie vereinigt acht verschiedene Beiträge wissenschaftlicher und journalistischer Provenienz mit einem besonders lesenswerten dokumentarischen Anhang, der fast die Hälfte des Buches ausmacht. Ohne den Wert der vorangehenden Beiträge zu schmälern, kann man sagen: Allein schon der Dokumentationsteil macht dieses Buch für die politische Bildung empfehlenswert, zumal er viele Faksimiles von Originaldokumenten aus der rechtsextremen Szene enthält.

Der von Karl-Klaus RABE herausgegebene Band "Rechtsextreme Jugendliche" (Bornheim-Merten 1980; Lamuv-Verlag, 252 Seiten), für den er auch den neu gestifteten "Preis für das politische Buch" der Friedrich-Ebert-Stiftung erhalten hat, enthält mehrere Originalinterviews mit rechtsextremen "Verführern" (etwa dem Gründer der inzwischen verbotenen "Wehrsportgruppe Hoffmann") und mit "verführten" Jugendlichen aus verschiedenen rechtsextremen Jugendorganisationen ("Bund Heimattreuer Jugend", "Wiking-Jugend" u.a.). Es gibt augenblicklich kein weiteres Dokument von der gleichen Authentizität. Zum Abschluß folgen 20 Thesen zum Rechtsextremismus unter Jugendlichen, die sich insbesondere als Diskussionsgrundlage mit schon rechtsextremen oder zumindest für den Rechtsextremismus anfälligen Jugendlichen eignen.

Einem publizistischen Medium, das weit über den jugendlichen Rechtsextremismus hinausreicht, ist die von Peter DUDEK und Hans Gerd JASCHKE verfaßte Analyse "Die Deutsche Nationalzeitung" gewidmet (PDI-Taschenbuch Nr. 8, hrsg. vom Pressedienst Demokratische Initiative, München 1981. 256 Seiten; zu beziehen bei PDI, Münzstr. 3, 8000 München 2). Gegliedert nach politisch aktuellen Gesichtspunkten - Vergangenheitsbewältigung ("Holocaust"), Ausländer, Jugend u.a. - analysiert die maschinenschriftlich vervielfältigte und daher preiswerte Schrift die politischen Inhalte und die Sprache des bedeutendsten publizistischen Organs des deutschen Rechtsextremismus (der viertgrößten deutschen Wochenzeitung). Gerade die große Leserschaft der "Deutschen National-Zeitung" beweist, daß der neue (oder alte) Rechtsextremismus nicht mit dem Hinweis auf militante jugendliche Splittergruppen abgetan werden kann.

Volkmar Bielefeld:

KLASSENSCHULE (I)
Arbeitsmaterialien zur Geschichte von Erziehung und Schule

Inhalt: Avant-Propos / Einleitung / Schulquellen: Etymologisches - Für einer Seele Größe schuftete ein ganzes Volk - Sei schlau, lern beim Überbau! - Wider den Militarismus - Die deutsche Pest - Eine vorbildliche Anlage für Kadetten und Fahnenjunker - Alles fließt, doch fließt es klar? - Immerhin, noch keine Schreibtischtäter - Wo bleiben da eigentlich die ewigen Wahrheiten? - Initiationsriten - welche Unschuld! - Religiöse Erziehung - Der kategorische Imperativ: Was peinlich ist, sagen wir später! - Herr Aristoteles - diesmal ohne cultural lag - Bildung für alle? - Damit's ein Prachtjunker wird - Stilfragen der Erziehung - oder: Komödien sind schon immer sittengefährdend - Stehkragensklaven - Jede Ordnung bedarf einer Anstalt - Endlich ein Lichtblick: Kindgerechte Pädagogik - Der ideelle Gesamtkarl und die Chancengleichheit - Elternrecht und Christenpflicht - Von der Elternpflicht über Pfaffengelehrtheit zu Volkes Seligkeit - Moral und Christentum sind an den Interessen der Herrschenden auszurichten! - Bildung als Zeitbombe - ein altes Problem - Schulformübergreifend und undogmatisch oder: die Not macht Gesamtschulen - Frisch, fromm, fröhlich, frei ... und deutsch! Gottseidank! - Nicht auszudenken, so etwas hätt sich durchsetzen können - Man muß Prioritäten setzen können! - Nichts neues soll'n sie denken - Grundwert Ordnung - Es gibt in Deutschland demokratische Traditionen - doch keine demokratische Macht - Die Betrüger wurden betrogen, wie alle anderen - Manches änderte sich verdächtig wenig - Das deutsche Wesen - Der Wiederaufbau u.a. / Nachbemerkung und Literaturhinweise
128 Seiten

Da Schule massenhaft erfahren - wohl auch erlitten - wird, vermag an diesem Thema Politische Bildung anzuknüpfen. Dies umso leichter, als programmatische Aussagen zur Schule offensichtlicher formuliert sind als etwa die Verfassungsnormen.
Das Aufziehen von Nachwuchs, die Reproduktion von Arbeitskräften, das Kindsein, das Kindererziehen, das Verwahren von Kindern und Erinnern an die Kindheit gehören für die Kleinstrukturen der Gesellschaft zu den gravierendsten Themen. Wer von hier Aufklärung leistet, rührt zugleich auch an die Verfaßtheit jeder Gesellschaft. Daß dies die Täter der Geschichte, die Nutznießer aller Zeiten klar gesehen haben, ist im Materialteil dieser Veröffentlichung leicht nachzuweisen.
Diese Sammlung - gelegentlich kurios, häufig satirisch - enthält kaum einen Text, eine Quelle, eine Karikatur, die nicht unmittelbar auf gesellschaftliche Strukturen zielen, die nicht zeigen, wie untrennbar Erziehung, Schule und Pädagogik mit Gesellschaft zusammenhängen - ob stabilisierend oder opponierend.

pad · Pädagogische Arbeitsstelle / Dortmund · Postfach 120143 · 4600 Dortmund 12

1929

15. Januar	Die Arbeitsämter registrieren 2,9 Mill. Arbeitslose.
Sommer	Wachsende NSDAP-Stimmenzahl bei einzelnen Landtagswahlen.
25. Oktober	"Schwarzer Freitag" an der New Yorker Börse. Sichtbarer Ausdruck für die Weltwirtschaftskrise.
2. Dezember	Der Reichsverband der Deutschen Industrie fordert in seiner Denkschrift "Aufstieg oder Niedergang" eine politische Wende und eine radikale Umstellung der Wirtschaftspolitik. Sozialpolitik und Sozialversicherung sollen an die "Leistungsfähigkeit" angepaßt werden.

1930

März	Bruch der sozialdemokratisch geführten Großen Koalition. Brüning (Zentrum) wird Reichskanzler.
Juli	Übergang zur Politik der Notverordnungen (Art. 48 der Weimarer Verfassung). Auflösung des Reichstags.
14. September	Bei den Reichstagswahlen erhält die NSDAP 6,4 Mill. Stimmen (18,3 %), Anstieg der Mandate von 12 auf 107.
1. Dezember	Erste "Verordnung des Reichspräsidenten zur Sicherung von Wirtschaft und Finanzen". Sie kürzt die Gehälter und Renten der Beamten um 6 Prozent und begünstigt durch eine Senkung der Steuern Kapitalbesitzer. Die Bier-, Tabak- und Ledigensteuer werden gleichzeitig erhöht. Die Zahl der bei den Arbeitsämtern registrierten Arbeitslosen beträgt 4,4 Mill.
6. Dezember	Der Bürgerblock und die SPD stimmen gemeinsam gegen den Antrag der KPD zur Aufhebung der Notverordnung.

1931

5. Juni	"Zweite Verordnung des Reichspräsidenten zur Sicherung von Wirtschaft und Finanzen". Durch sie werden die Löhne bzw. Gehälter und Renten der Arbeiter, Angestellten und Beamten des Staates und der Gemeinden um 5 bis 8 Prozent gekürzt. Zugleich erfolgt eine Kürzung der Leistungen für die Arbeitslosenversicherung und Krisenfürsorge um 6,3 bis 14 Prozent. Die Regierung kann die wöchentliche Arbeitszeit auf 40 Stunden senken - ohne Lohnausgleich. Dagegen erhält die Wirtschaft erneut Vorteile durch Steuersenkungen und Zollvergünstigungen.
27. Juli	Die Wirtschaftspolitische Vereinigung in Frankfurt a. M. verlangt von Hindenburg, der NSDAP, der DNVP und dem "Stahlhelm" die Regierung zu übertragen.
6. Oktober	"Dritte Verordnung des Reichspräsidenten zur Sicherung von Wirtschaft und Finanzen und zur Bekämpfung von Ausschreitungen" dehnt die Senkung der Löhne und Gehälter auf weitere Kreise der Bevölkerung aus und eröffnet den Weg der Reduzierung der Löhne in der Industrie.
11. Oktober	Bildung der "Harzburger Front" aus NSDAP, Stahlhelm und DNVP.
8. Dezember	"Vierte Verordnung des Reichspräsidenten zur Sicherung von Wirtschaft und Finanzen und zum Schutz des inneren Friedens" senkt die Löhne um 10 bis 15 Prozent und die Gehälter der Arbeiter, Angestellten und Beamten um weitere 9 Prozent. Zugleich erfolgt eine weitere Einschränkung im sozialen Bereich. Die Wirtschaft erhält erneut Steuervorteile.
9. Dezember	Vertreter des deutschen Großkapitals F. Thyssen und A. Vögler verhandeln mit dem Naziführer A. Hitler im Hotel Kaiserhof in Berlin.

Leben am Rande der Gesellschaft (III):

Bernd Janssen:

"GAST"-ARBEITER ODER: SIND WIR EIN EINWANDERUNGSLAND ?

INHALT: Leben am Rande der Gesellschaft (Vorwort) / Didaktische Leitlinie: Kritischer Unterricht in pragmatischer Orientierung am Alltag / Fragen und Stichworte zur sozialwissenschaftlichen und politischen Orientierung / Unterrichtsangebote für die Orientierungsstufe (Skizze einer schülerorientierten Unterrichtseinheit über die Probleme der Gastarbeiterkinder / Ergänzende bzw. alternative Unterrichtsmaterialien) / Unterrichtsangebote für die Sekundarstufe I (Skizze einer sechsstündigen lernzielorientierten Unterrichtseinheit zur Gastarbeiterproblematik für die Klassen 7/8 mit den Stundenthemen: Gastarbeiterbewegung und ihre Folgen für die Heimatländer - Welche Probleme haben die Gastarbeiter in der Bundesrepublik? - Wohnprobleme der Gastarbeiter - Vorurteile über Gastarbeiter / Ergänzende bzw. alternative Unterrichtsmaterialien) / Skizze einer Unterrichtseinheit für die Klassen 9/10: Die Arbeitssituation der "Gast"-arbeiter (Die soziale Gesamtsituation der "Gast"-arbeiter oder: Der Fall Vasilles - Die Arbeitssituation ausländischer Arbeiter oder: Ihr da oben - wir da unten - Juristische Basisinformationen oder: Wann dürfen unsere ausländischen "Gäste" arbeiten? Ausweisung oder: Wie schnell unsere ausländischen "Gäste" wieder rausfliegen können - Ergänzende bzw. alternative Unterrichtsmaterialien) / Zusatzangebote: Entwurf einer erprobten Vorführstunde für Examenskandidaten / Laientheater zum Thema - frei nach B. Brecht
144 Seiten

Nie wurde mit Minderheiten brutaler umgegangen als in der Zeit des deutschen Faschismus. Insofern bedarf es insbesondere in Krisenzeiten, in denen der faschistoide Ruf "Ausländer raus" bedrohliche Formen annimmt:
- der Einfühlung in die inhumanen Lebensverhältnisse der heimatlos gewordenen Ausländer,
- der Fähigkeit zur Solidarität,
- des politischen Kampfes um die Gleichberechtigung und Integration unserer ausländischen Mitbürger.

Das Unterrichtsmodell "Gast"-Arbeiter
- geht von einem pragmatischen Unterrichtsverständnis aus, d.h., es orientiert sich an den einschränkenden Bedingungen des Schulalltags,
- formuliert Stichworte zur politischen Orientierung,
- entwickelt für die Klassenstufen 5/6, 7/8 und 9/10 je eine skizzierte Unterrichtseinheit,
- bietet zahlreiche ergänzende und alternative Unterrichtsmaterialien,
- regt an zur Kooperation mit den Fächern Deutsch und Arbeitslehre

und schließt mit Zusatzangeboten für Examenskandidaten und Theatergruppen.

pad · Pädagogische Arbeitsstelle/Dortmund · Postfach 120143 · 4600 Dortmund 12

27. Januar	Hitler entwickelt auf einer von Thyssen einberufenen Versammlung im Düsseldorfer Stahlhof vor 300 Wirtschaftsvertretern sein Programm. Er verspricht den Schutz des Privateigentums an Produktionsmitteln, Überwindung der Demokratie und Ausrottung des Marxismus.
13. März	I. Wahlgang der Reichspräsidentenwahl. Es erhalten: Hindenburg 18,7 Mill. Stimmen, Hitler 11,3 Mill., Thälmann 5,0 Mill. Stimmen.
10. April	II. Wahlgang: Hindenburg 19,4 Mill. (53 %), Hitler 13,4 Mill. (36,8 %), Thälmann 3,7 Mill. (10,2 %) Stimmen.
24. April	Bei den Landtagswahlen wird die NSDAP stärker als SPD und KPD zusammen.
18. Mai	Erste Zusammenkunft des "Keppler-Kreises" (Späterer "Freundeskreis Himmler") mit A. Hitler im Hotel Kaiserhof in Berlin. Auf ihr beraten die Bankiers v. Schröder und H. Schacht sowie die Industriellen A. Vögler mit dem Naziführer die Wirtschaftspolitik im Fall der Bildung einer nationalsozialistischen Reichsregierung und ihre Verhältnis zu den Gewerkschaften (mögliche Zerschlagung).
1. Juni 1932	Papen wird Nachfolger Brünings als Reichskanzler. Ebenso wie sein Vorgänger regiert er ohne parlamentarische Mehrheitsunterstützung mit Hilfe von Notverordnungen des Reichspräsidenten.
17. Juli	Altonaer Blutsonntag. 5.000 bis 6.000 Nazis dringen in das Hamburger Arbeiterviertel Altona ein und ermorden 14 Antifaschisten.
20. Juli	Staatsstreich in Preußen durch v. Papen. Absetzung des Ministerpräsidenten Braun (SPD), Innenminister Severing (SPD) und Berliner Polizeipräsidenten Gresinski (SPD) durch Anwendung von Gewalt. Papen bereitet durch den Staatsstreich die Diktatur vor. Die KPD wendet sich an SPD und Gewerkschaften mit dem Vorschlag eines Generalstreiks gegen den Staatsstreich. Das Angebot wird abgelehnt. Die SPD erhebt lediglich Klage beim Staatsgerichtshof.
31. Juli 1932	Bei den Reichstagswahlen steigt der NSDAP-Stimmanteil nochmals auf 13,7 Mill. (37,4 %). Als stärkste Partei (230 Mandate) stellt sie mit Göring erstmals den Reichstagspräsidenten.
30. August	Zusammentritt des neuen Reichstages, der am 12. September wieder aufgelöst wird.
4. September	"Verordnung des Reichspräsidenten zur Belebung der Wirtschaft". Die Reichsregierung erhält das unbegrenzte Recht zur Änderung der Sozialgesetzgebung zugunsten der Wirtschaft. Unternehmer werden berechtigt, die Tariflöhne zu unterschreiten.
6. November	Erneute Reichtstagswahl, bei der erstmals der NSDAP-Stimmenanteil wieder sinkt: Auf 11,7 Mill. (33,1 %). Die KPD erzielt mit knapp 6 Mill. Stimmen (16,9 %) ihr bestes Ergebnis seit ihrer Gründung und wird mit 37,7 % stärkste Partei in Berlin.
17. November	Rücktritt des Kabinetts Papen. Ergebnislose Verhandlungen über Regierungsbildung zwischen Hitler und Zentrum.
19. November	Eingabe von Thyssen, Schacht, Reinhardt, v. Schröder, Graf v. Kalckreuth und anderen Vertretern der Industrie und des Junkertums an Hindenburg mit der Forderung, Hitler zum Reichskanzler zu ernennen.
2. Dezember	General v. Schleicher wird Reichskanzler.

Gerd Battmer / Werner Rieschmüller / Gerhard Voigt:

FASCHISMUS IN DEUTSCHLAND UND NEONAZISMUS
oder: Warum die "Holocoust"-Diskussion nicht ausreicht

Unterrichtseinheiten und Materialien für die Sekundarstufe I und II

INHALT: Verdrängung statt Aufklärung / Überlegungen zur Unterrichtsthematik und zur didaktischen Konzeption / Einstiegsphase: Der Neonazismus und die nazistische Biographie / Phase II: Faschismus und Kapitalismus - ökonomische Erklärungsansätze und ihre Aktualisierbarkeit / Phase III: Sozialpsychologische Erklärungsansätze - Versuche ihrer Aktualisierbarkeit / Phase IV: Wie funktioniert der Faschismus? Das faschistisch-nazistische Herrschaftssystem / Schlußphase: Politische Umsetzung der Faschismus-Diskussion / Anhang: Materialien für den Unterricht.
176 Seiten

Die "Auseinandersetzung" der deutschen Öffentlichkeit mit der jüngsten Vergangenheit weist eine Reihe bedenklicher Einseitigkeiten und Irrationalitäten auf:

- Die Personalisierung der Geschichte, die in der Person Hitlers den Schlüssel zur Erklärung des Nazismus sieht (wie z.B. bei Fest). Hierbei werden offensichtliche gesellschaftliche Ursachen des Faschismus ignoriert und die Frage sowohl nach der Schuld wie nach möglichen antifaschistischen Verhaltensweisen überhaupt verdrängt und auf den "Führer" projiziert (die Parallele wird sichtbar ...).
- Das Stehenbleiben in einer emotionalen Wertung und Verurteilung der (als "unbegreiflich" erklärten) Nazi-Greuel, oft eingeschränkt allein auf das Faktum des Juden-Mordes ("Endlösung", Holocaust), ist sicher subjektiv ehrenwert, aber didaktisch gefährlich, da die Vermittlung moralischer Normen ohne kritisch-rationale Grundlegung ambivalent ist und beim Schüler Protesthaltungen provozieren kann, die gerade zur entgegengesetzten neonazistischen Reaktion führen kann.

Die vorliegenden Unterrichtsvorschläge konzentrieren sich daher ganz bewußt auf drei rational und historisch faßbare Erklärungsansätze für Faschismus und Neonazismus, ohne eine Zusammenstellung gängiger geschichtlicher Materialien im Sinne eines "Geschichtsabrisses" mitliefern zu wollen:

1. die ökonomischen Bedingungen und die faschistischen Krisenlösungsstrategien bis hin zur Kriegswirtschaft;
2. Ursachen und Folgen der autoritären Sozialisation und ihre ideologische Legitimation ("der autoritäre Charakter");
3. faschistische Herrschaft zwischen Kanalisierung des Terrors (SA, SS), Ausschaltung der Arbeiterbewegung und bürokratischem Funktionieren ("Beamtenstaat").

Dabei liegt das historische Erkenntnisinteresse begründet in den aktuellen Gefahren für die Bundesrepublik Deutschland durch eine Welle der Restauration und des Neonazismus.

pad • Pädagogische Arbeitsstelle / Dortmund • Postfach 120143 • 4600 Dortmund 12

1. Januar	SA-Überfälle in Berlin, Glogau und anderen Teilen Deutschlands. Vom 1. bis 24. Januar werden 11 Antifaschisten ermordet und über 300 verletzt.
4. Januar	Papen und Hitler treffen sich im Hause des Bankiers von Schröder in Köln zu Verhandlungen über die Regierungsübergabe an Hitler.
7. Januar	Treffen industrieller Kreise im Hause des einflußreichen Industriellen E. Kirdorf mit Hitler, Göring und Heß.
15. Januar	Bei der Landtagswahl in Lippe erhält die NSDAP 39,5 % der Stimmen, mehr als bei der Reichstagswahl am 6. November 1932 (34,7 %), jedoch weniger als bei der vom 31. Juli 1932 (41,1 %).
22. Januar	v. Papen, Meißner (Staatssekretär) und O.v. Hindenburg (Sohn des Reichspräsidenten) verhandeln mit Hitler, Göring und Frick erneut über die Bildung einer neuen Regierung.
22. Januar	Provokatorische Demonstration der NSDAP vor dem Karl-Liebknecht-Haus in Berlin, der Zentrale der KPD. Als Antwort darauf am
25. Januar	Massendemonstration der KPD mit ca. 130.000 Teilnehmern.
28. Januar	Rücktritt Schleichers.
30. Januar	Hindenburg beruft Hitler zum Reichskanzler, Vizekanzler: Papen. Weitere NSDAP-Mitglieder im Kabinett sind zunächst nur Frick (Inneres) und Göring (ohne Geschäftsbereich). Aufruf der KPD zum Generalstreik, der weithin folgenlos bleibt.
Februar	Göring als preußischer Innenminister setzt SA und SS als Hilfspolizei ein.
7. Februar	Reichsverteidigungsrat beschließt wirtschaftliche Maßnahmen zur Aufrüstung.
17. Februar	"Schießbefehl" Görings. Er verpflichtet die Polizei zum rücksichtslosen Gebrauch gegen alle antifaschistischen Kräfte.
20. Februar	Krupp AG, IG Farben und andere stellen NSDAP und DNVP 3 Mill. RM für die Bekämpfung der KPD zur Verfügung.
27. Februar	Reichstagsbrand. In der Nacht zum
28. Februar	Eröffnung des systematischen Terrors. Allein in Berlin werden über 1.500, im ganzen Reich mehr als 10.000 Reichstagsabgeordnete, Funktionäre und Mitglieder der KPD, z.T. auch der SPD, sowie unabhängige Linksoppositionelle verhaftet, unter ihnen E. Mühsam, E.E. Kisch, C. v. Ossietzky. Die Notverordnung zum "Schutz von Volk und Staat" legalisiert den blutigen Terror und hebt die Grundfreiheiten und die Grundrechte der Weimarer Republik auf. Die Strafbestimmungen werden verschärft und eine "Schutzhaft" eingeführt. Errichtung von Konzentrationslagern.
5. März	Bei den Reichstagswahlen steigt der Anteil der NSDAP auf 43,9 % (17,3 Mill.); die absolute Mehrheit erreicht sie jedoch nur mit Hilfe ihres Koalitionspartners, der DNVP (3,1 Mill. Stimmen, 8,0 %). Trotz des Terrors stimmten noch 4,8 Mill. Menschen (12,3 %) für die KPD, die SPD kann mit 7,2 Mill. Stimmen (18,3 %) ihren Anteil vom November 1932 fast halten.
13. März	Goebbels wird Reichsminister für Volksaufklärung und Propaganda.
20. März	Errichtung des "regulären" KZ in Dachau bei München durch Himmler.
21. März	"Tag von Potsdam". Feier in der Garnisionskirche. Eröffnung des Reichstages.
22. März	Bildung des Referats Rassenhygiene beim Reichsministerium des Innern.
23. März	Reichstagssitzung in der Kroll-Oper in Berlin. Die Mandate der 89 KPD- Abgeordneten sind annulliert. Hitler begründet das "Gesetz zur Behebung der Not von Volk und Reich" (Ermächtigungsgesetz), das

Jochen Hering u.a.

SCHÜLERALLTAG
IM NATIONALSOZIALISMUS

Ein "Lesebuch" für den Geschichtsunterricht

INHALT: Geschichten im Geschichtsunterricht (Wozu Geschichte? – Schulbücher, der Ort, wo Erfahrungen verlorengehen – Grundüberlegungen zu einem an Erfahrung orientierten Geschichtsunterricht – Zusammenhang als Lebensraum – Zusammenhang als zeitliches Gefüge – Alltag und Geschichtsunterricht – Geschichte und Quellen) / Schulleben zur Zeit des Nationalsozialismus (Erinnerungen an die Schulzeit – Geschichten aus dem Schulalltag – Quellen zum Schulalltag – Aus den Lehrplänen der Nationalsozialisten) / Führer und Helden der Nazis – Propaganda und Wirklichkeit (Helden- und Führergeschichten – Helden und Führer: Die Wirklichkeit – Heldengeschichten in der Schule – Materialien zur Frage: Warum identifizieren sich Kinder und Jugendliche mit den Helden der Nazis ? – Die Heldenverehrung wird verweigert: Gegengeschichten – Zur Rolle der SA – Wer waren die Freikorps?) / Kameradschaft (Kamerad und Kameradschaft als Leitbild der Nationalsozialisten – Kameradschaft in der Wirklichkeit – Quellen zur Hitlerjugend) / Mädchen und Frauen zur Zeit des Nationalsozialismus (Die Frau in Propaganda und Gesetzgebung – Der Bund Deutscher Mädel – Erinnerungen an den Frauenalltag im Nationalsozialismus) / Aufzeichnungen aus dem Leben des Hitlerjungen Adolf Görs (Der Hitlerjunge Adolf Görs – Elternhaus und bündische Jugend – Motive in die HJ zu gehen – Erlebnisse in der HJ – Der Aussteiger – Verhaftung – im KZ) / Rassismus (Ahnenforschung und Rassenkunde im Unterricht – Rassenhygiene im Unterricht – Rassenhaß als Erziehungsziel im Unterricht – Geschichten zum Rassismus im Alltag – Die "Kriminalisierung und Entmenschlichung" der Juden in Bildern – Zeittafel zur Verfolgung der Juden in Deutschland) / Lieder im Nationalsozialismus (Die Lieder der Faschisten – Geschichten über Lieder – Antifaschistische Lieder)
ca. 360 Seiten

Der Band "Schüleralltag im Nationalsozialismus" ist in erster Linie ein Lesebuch, in dem Schüler unter sieben verschiedenen Schwerpunkten sich mit dem Alltag zwischen 1933 und 1945 auseinandersetzen können. Die Wahl der Ausschnitte aus dem Alltag ist am Erlebnis und Erfahrungsbereich Heranwachsender orientiert.
Wenn Schüler in der Vergangenheit noch Gegenwärtiges entdecken oder anders herum, die Gegenwart an scheinbar doch Vergangenes erinnert, wird Geschichte – so die Überlegung der Autoren – lernträchtig.
Geschichten und Quellen, jeweils um einen Sachverhalt gruppiert, machen vergangenen Alltag erfahrbar und nachvollziehbar und können so ein Ausgangspunkt für selbständige Auseinandersetzungen sein.

pad · Pädagogische Arbeitsstelle / Dortmund · Postfach 120143 · 4600 Dortmund 12

	mit den Stimmen der NSDAP und aller bürgerlichen Parteien angenommen wird. Dagegen stimmen lediglich die 94 anwesenden (26 sind bereits verhaftet oder emigriert) SPD-Abgeordneten.
24. März	Das Präsidium des Reichsverbandes der Deutschen Industrie dankt A. Hitler für die Sicherung von Wirtschaft vor "Störungen" und "politischen Schwankungen".
28. März	Adolf Kardinal Bertram, Vorsitzender der Fuldaer Bischofskonferenz, erklärt die Mitgliedschaft für Katholiken in faschistischen Organisationen für erlaubt.
1. April	NSDAP organisiert erstmals Boykott jüdischer Geschäfte, Ärzte und Rechtsanwälte.
11. April	Gesetz "zur Wiederherstellung des Berufsbeamtentums".
19. April	Aufruf des Bundesvorstandes des ADGB an die Gewerkschaftsmitglieder zur Beteiligung an den Nazi-Maifeiern.
2. Mai	Nach dem ersten "Tag der nationalen Arbeit" besetzt die SA die Gewerkschaftshäuser, nimmt zahlreiche Verhaftungen vor und beschlagnahmt das Gewerkschaftsvermögen.
10. Mai	Bildung der "Deutschen Arbeitsfront". Bücherverbrennungen in deutschen Universitätsstätten.
17. Mai	Außenpolitische Erklärung Hitlers im Reichstag gegen das "System von Versailles", der auch die 65 anwesenden SPD-Abgeordneten zustimmen.
22. Juni	Verbot der SPD.
Juni/Juli	Selbstauflösung der bürgerlichen Parteien.
20. Juli	Unterzeichnung des Konkordats zwischen der Hitler-Regierung und dem Papst, das der faschistischen Diktatur die Anerkennung durch das Oberhaupt der katholischen Kirche bringt.
12. November	Reichstagswahlen und Volksbefragung zum Völkerbundaustritt mit 92 % der abgegebenen Stimmen für die Einheitsliste der NSDAP.
März/April 1934	Erste Vertrauensrätewahlen. Beteiligung von nur 40 Prozent der Wahlberechtigten. In der Mehrzahl der Betriebe werden nicht mehr als 25 Prozent der Nazikandidaten gewählt.
1. September 1939	Einmarsch deutscher Truppen in Polen; Beginn des Zweiten Weltkrieges. Der Zweite Weltkrieg hat ein Territorium von 22 Millionen qkm erfaßt. 72 Staaten befanden sich im Kriegszustand. In den KZ, Zuchthäusern und anderen Massenvernichtungslagern wurden rund 8 Millionen Menschen verschiedener Nationalität ermordet. Der Krieg hat insgesamt rund 50 Millionen Tote zur Folge.

zusammengestellt nach:

1933. Ein Lesebuch, hrgs. von Thomas Friedrich, Berlin 1980

1933. Texte, Fotos, Chronik, hrsg. und eingeleitet von Kurt Bachmann, Frankfurt 1983